다시 교회가 뛴다

다시 교회가 뛴다

지은이 서길원
펴낸이 김명식
펴낸곳 (주)넥서스

초판 1쇄 발행 2016년 6월 10일
초판 2쇄 발행 2016년 6월 15일

출판신고 1992년 4월 3일 제311-2002-2호
04044 서울시 마포구 양화로 8길 24 (서교동)
Tel (02)330-5500 Fax (02)330-5555

ISBN 979-11-5752-823-3 03230

www.nexusbook.com
넥서스CROSS는 (주)넥서스의 기독 브랜드입니다.

다시
교회가
뛴다

RESTART!

도시 교회 리메이크의 모델, 상계교회 이야기

서길원 지음

넥서스CROSS

고단한 현장에서 눈물로 씨를 뿌리는 목회자에게

오늘날 한국 교회는 위기의 시간을 보내고 있습니다. 교회에 대한 이미지도 부정적입니다. 그런데 위기는 곧 기회이기도 합니다. 2천년 교회사를 돌아보면 위기에 직면하면 직면할수록 교회는 오히려 빛이 났습니다.

위기를 기회로 만드는 것은 하나님의 부르심 받은 목회자의 몫입니다. 어떤 목회자를 만나느냐에 따라 교회 공동체의 운명이 결정됩니다. 그렇기에 목회자는 시대의 흐름을 분명히 읽고, 잘 대처하여 교회가 나아갈 향방을 지혜롭게 지휘해야 합니다.

그런 면에서 서길원 목사님은 이 위기의 시대에 준비된 목회자입니다. 한국 교회의 어려움을 돌파할 수 있는 목회적 비전과 철학을 견지한 분입니다. 이 책이 고단한 현장에서 눈물로 씨를 뿌리는 많은 목회자에게 귀한 영양분이 될 것이라 기대합니다.

저자는 늘 좁을 길, 어려운 길을 선택했습니다. 부흥하는 청양교회에서 상계교회로 임지를 옮길 수 있었던 것도 전적인 순종이었습니다. 지역 교회의 어려움을 느헤미야의 심정으로 함께 아파하고 품고 섬겼습니다. 영적으로 무너져 가는 다음세대를 위해 아낌없이 자신을 드렸습니다. 그리고 상계교회는 지금 성장을 넘어 성숙으로 가고 있습니다. 참 놀라운 사실입니다.

이 한 권의 책에 성공적 목회 사역의 노하우가 잘 녹아 있습니다. 부디 힘들어하는 한국 교회의 목회자와 성도께서 이 책을 통해 다시 희망을 얻으시길 바랍니다. 그래서 모든 교회마다 다시 일어나는 회복의 역사가, 역동적인 성령의 역사가 넘쳐나기를 소망합니다.

거룩한빛광성교회 담임 **정성진 목사**

정통에 기초한 전통을 새롭게 세워 나가다

상계교회를 생각하면, 미자립 교회 자립 운동과 청소년 사역에 대한 서길원 목사님의 열정, 집회 중 말씀을 듣는 성도들의 간절한 태도, 그리고 지난 2015년도 평택대학교에서 개최된 청소년 기름부음 집회 때 경험한 하나님의 행하심 등이 떠오릅니다. 교회를 방문할 때마다 한국 교회를 섬기고자 하는 서 목사님의 귀한 헌신과 더불어 하나님께서 부어 주신 리메이크 전략의 열매를 곳곳에서 볼 수 있었습니다. 무엇보다도 모든 사역에 성령의 운행하심을 보며, 또 성도에게 생기가 넘쳐나는 것만으로도 리메이크 전략이 이 시대 교회의 변혁을 위한 새로운 모델이라고 여겨졌습니다.

정통과 전통이 잘 구별되지 않는 작금의 교회에서 정통에 기초한 전통을 새롭게 세워나가는 것이 바로 리메이크 전략입니다. 서로의 관계와 신학적 입장 차로 나누어진 교회를 비전 중심의 영적 공동체로 전환시키는 것이 리메이크 전략입니다. 성도들이 말씀과 성령, 믿음과 체험, 십자가와 부활, 신앙과 삶을 균형 잡는 것이 리메이크 전략입니다. 지금까지 많은 교회가 힘에 부치도록 최선을 다했고 수많은 프로그램과 전략을 수행했지만, 그 열매는 크지 않았습니다. 그렇다면 상계교회의 리메이크 전략의 차별성은 어디에 있을까요? 그것은 바로 성령 하나님께 인도함을 받고자 하는 열린 마음과 리더의 솔선수범에 있다고 봅니다.

이 상계교회의 이야기가 모든 교회에 소개되기를 간절히 소망합니다.

HTM 대표, 건국대 교수 **손기철** 장로

추천사 3

역동적인 사역의 현장으로

제가 아는 서길원 목사님은 세계를 자신의 교구로 삼은 감리교회 창설자 존 웨슬리 목사님을 닮았습니다. 그는 상계 지역의 감리교 목회자이지만 목양적 섬김의 지경을 지역 사회와 한국 교회로 넓혔습니다. 지역과 교파를 초월하여 모든 교회가 잘되기를 꿈꾸는 그의 헌신은 '목회자 학교'에 담겨 열매 맺고 있습니다.

한국 교회가 주님의 은총 가운데 부흥하기를 원하는 거룩한 기대감과 영적인 분투를 담고 있는 이 책《다시 교회가 뛴다》가 발간된 것을 진심으로 기뻐합니다. 이 책이 목회자에게 목회에 대한 안목과 감각을 기르는 영적인 자양분을 공급할 것입니다. 한 지역 교회의 역동적인 사역의 현장으로 안내할 이 책은 미래 목회를 열어가기 원하는 신학도와 교우에게 믿음의 안목을 키워 줄 것입니다. 이런 이유로 본서를 기쁘게 추천합니다.

미래목회포럼 이사장 새로남교회 담임 오정호 목사

추천사 4

좋은 이정표가 된 상계교회 이야기

한때 큰 부흥의 시기를 경험했던 한국 교회는 지금 너무도 큰 위기를 맞고 있습니다. 한국 교회의 양적인 쇠퇴도 문제이긴 하지만, 무엇보다도 가슴 아픈 것은 교회 안에 목회자다운 목회자가 줄어가고, 성도다운 성도가 줄어가고 있다는 점입니다.

　이러한 때, 작은 교회 목회자에게 힘과 도전이 되는 서길원 목사님의 책 《다시 교회가 뛴다》를 만나게 되었습니다. 이 책이야말로 목회자의 풀어진 마음과 정신을 다시 조이고 긴장하게 만드는 좋은 자극제라는 생각이 들었습니다.

　저자는 교회에 대한 목회자의 역할을 강력하게 상기시킵니다. 이는 목회자가 가진 특권으로서가 아니라 책임과 의무의 차원에서입니다. 그리고 교회가 어떻게 해야 그 영적 순결성을 유지할 수 있는가에 대해 진지하게 고민하며 노력한 흔적들을 아낌없이 쏟아내고 있습니다.

　잘 정리되어 표시된 이정표는 처음 길을 가는 사람에게도, 이미 그 길을 여러 번 가본 사람에게도 큰 도움을 줍니다. 이 목회 이야기 역시 그렇습니다. 새롭게 개척하여 힘겨운 목회자에게도, 이미 중형 이상의 교회에서 목회하는 목회자에게도 좋은 이정표가 되리라 확신합니다.

미래목회포럼 대표회장, 서광교회 담임 이상대 목사

추천사 5

부흥의 역사를 함께 읽으며

사랑하고 존경하는 서길원 목사께서 지난 12년 동안 상계교회를 담임하면서 교회가 부흥 성장한 역사를 담은 《다시 교회가 뛴다》를 발간하게 된 것을 진심으로 축하합니다. 상계교회는 상계 지역을 넘어 국내와 국외까지 부흥의 모델이 되었고, 건강한 교회, 꿈과 비전이 넘치는 교회, 다음세대 지도자를 키우는 교회, 리메이크 목회의 상징이 되었습니다.

제가 서길원 목사님을 처음 알게 된 것은 지금부터 37년 전, 그가 서대전고교 1학년일 때였습니다. 선화교회(하늘문교회 전신) 부목사로 목회할 1979년이었는데, 그는 아주 순수하고 신앙의 열정이 남다른, 눈빛이 살아 있는 학생이었습니다.

그가 군목을 마치고 제가 공부한 아주사 퍼시픽 신학대학에 유학을 다녀온 뒤 본 교회에서 교육 목사와 기획 목사로 사역했는데, 그의 능력과 열정은 우리 교회 교회학교를 대전에서 제일가는 교회학교로 부흥시켰습니다. 오늘날도 하늘문교회 교인들은 서 목사님을 잊지 못합니다.

서 목사님은 언제나 가슴이 활화산처럼 타오르는 열정의 목회자입니다. 투철한 소명 의식과 목숨을 거는 열정, 높은 차원의 깊고 넓은 영성과 신학자로서의 지성과 탁월한 지도력을 두루 갖춘 분입니다. 선배를 존경하고 후배를 아끼며 인재 양성에 열정을 다하는 의리 있는 분입니다. 그의 글에서 새로운 도전과 희망을 배우며 목회의 새로운 지평이 열리는 것을 경험합니다. 이 책《다시 교회가 뭔다》가 많은 목회자와 후배에게 큰 도전과 꿈과 용기를 주는 책이 될 것을 확신하면서 목회자와 평신도에게 꼭 읽기를 추천합니다.

하늘문교회 담임 이기복 감독

추천사 6

서길원 목사님을 통해 일하신 성령 이야기

〈사도행전〉을 우리는 '성령 행전'이라고도 말합니다. 예수님이 승천하신 후 성령 강림 사건을 경험한 사도들을 통하여 일하신 성령의 역사이기 때문이지요. 《다시 교회가 뛴다》를 읽으면서 '서길원 목사 행전'으로 읽었습니다. 성령의 기름부으심을 받은 한 사람 서길원 목사님이 경험한, 성령께서 역사하신 일을 이야기하고 있기 때문입니다. 서 목사님은 세상의 환경이나 부임한 교회의 상황과 상관없이 성령에 사로잡혀 열정적으로 일하면서 성령께서 하시는 일들을 경험했습니다. 〈사도행전〉을 읽으면서 사도들의 위대함을 읽기보다 그들을 통하여 일하시는 성령의 놀라운 역사를 읽게 되듯이, 이 책을 읽는 모든 독자가 반드시 읽어야 할 것은 서길원 목사님을 통해 일하신 성령의 이야기입니다.

어떤 사람이 대단한 일을 하면 우리는 그 사람을 영웅시하려는 경향이 있습니다. "하나님이 하셨습니다", "하나님의 은혜입니다" 하는 고백에도 불구하고 이야기를 듣는 사람들은 '저만하니까 저렇게 이루었겠지' 생각하다가 결국 그 사람의 이야기만 읽고 성령의 이야기를 놓치는 경향이 있습니다. 그런데 그렇게 하면 그 사람 앞에서 내 자신이 너무 작게 여겨져 열등감을 가지게 되며, 그를 부러워하게 됩니다. 이는 옳지 않습니다. 이 책이 모든 분에게 또 하나의 희망 메시지가 되기를 바랍니다.

종교교회 담임 최이우 목사

함께 고민하게 하고 함께 치유받게 하는 책

추천사를 쓰기 위해 글을 읽기 시작했는데 결국 밤늦게까지 앉아 다 읽고 말았습니다. 교회 이야기, 목회 이야기는 좋은 정보를 주는 것으로 끝나기 쉬운데 이 책에는 글과 글 사이에 진한 감동이 있기 때문입니다. 서길원 목사님을 아는 사람이라면, 아니 그의 설교를 한 번이라도 들어본 사람이라면 '열정이 있는 목회자'임을 알게 됩니다. 복음에 대한 열정, 교회에 대한 사랑, 교인들에 대한 헌신, 그리고 이를 실현할 수 있는 조직력과 행정력이 있습니다. 그리고 끊임없이 공부하는 겸손한 자세는 지금의 그를 한국의 영향력 있는 목회자로 만들었다고 생각합니다.

이 책《다시 교회가 뛴다》가 지쳐 있는 목회자에게는 새로운 힘을, 도움이 필요한 목회자에게는 좋은 아이디어를, 새로운 방향을 찾고자 하는 목회자에게는 신선한 비전을 제시하는 길잡이가 될 것이라 확신합니다. 진솔하게 본인이 실패한 이야기로 시작해 교회가 어떻게 변화해 가고 그가 어떻게 노력해 왔는지를 읽다 보면 나도 모르게 같이 고민하게 되고, 치유하고 힘을 주시는 하나님의 손길을 느끼게 될 것입니다. 이 책이 많은 목회자에게 읽히기를 바랍니다. 어떤 신학 서적보다 구체적으로 교회 성장 사례를 분석하여 보여 주고, 오늘날 목회자가 가져야 할 마음의 자세를 너무나 절실하게 느끼게 하기 때문입니다.

목원대학교 총장 박노권 박사

하나님께서 만만하게 사용하시는 교회

나는 교회가 참 좋다.

그리고 무척 감사하다. 교회는 내게 꿈을 준 곳이고 용기와 평안을 준 곳이며, 삶의 터전이 되어 준 곳이기 때문이다. 정말이지 교회는 나에게 어머니 품속 같은 공동체다.

주변에서 내게 교회 이야기를 너무 많이 한다고 지적하곤 한다. 그러나 나는 정말 교회 이야기를 하고 또 하고 싶다. 교회 아니고는 사랑하는 주 예수님을 말할 수 있는 곳이 어디며, 교회 아니고는 아파하고 절망하는 이들에게 하늘 소망을 줄 수 있는 곳이 어디인가!

그런데 어머니 같은 조국의 교회가 지금 아프다.

탈진하고 나아갈 방향도 잃은 것 같다. 활력이 없다고 젊은이와 지식인이 등을 돌리고 있다. 목회자의 얼굴에 당황한 기색이 역력하다. 교인과 재정은 줄고, 세상의 도발은 거세다. 교인도 옛날처럼 순전해 보이지 않는다. 인구 감소, 교계 지도자들의 부패, 이단, 동성애 등 여러 가지 이유를 들어 보지만 나아질 기미가 보이지 않는다. 그래서 가만히 앉아 있으면 바보 소리 들을 것 같아 같이 열을 올리며 조국 교회를 비판하는데, 거기까지다. 비판은 비판을 낳을 뿐이다. 더구나 나의 어머니를 비판해 본들 내 존재의 근거를 무너뜨리는 것 외에 아무 소득도 없다.

나의 어머니, 조국 교회를 다시 일으키는 데 힘이 되고 싶다.

정말이지 힘이 되고 싶어 안달이 났다. 처음에는 나 하나가 무슨 힘이 될까 망설였지만 무엇이라도 해야 한다는 의무감이 나를 짓눌렀다. 그 마음을 하나님이 아셨는지, 내가 섬겼던 청양교회와 상계교회의 식구들이 알았는지, 한국 교회 부흥의 작은 싹을 볼 수 있었다. 절망의 도시 청양에서 한 교회가 성장하였을 때 한 도시에 어떤 일이 일어나는지를 보았다. 분열과 상처로 얼룩진 상계교회가 치유받고 부흥의 불길에 덮일 때 한국 교회의 비전교회(우리 교회는 미자립 교회를 비전교회로 부른다)와 다음세대에게 작은 등불이 될 수 있음을 보았다.

교회가 분열되어 분쟁하면 얼마나 참담할 수 있는지를 보았다.

상계교회는 58년 전에 개척되어 한 지역을 섬기던 교회였는데 전임 목사님의 은퇴와 후임 목사님의 청빙 과정에서 분쟁이 시작돼 젊은이들이 교회를 떠나고 공동체가 무너져 사분오열되었다. 그러나 상계교회는 다시 일어났다. 부임 이후 12년간 출석 인원과 재정이 5배 성장하였다.

'교회부흥세미나'를 통해 그동안 8,100명의 목회자, 특히 비전교회 목회자와 교회를 섬겨 자립화의 길을 갈 수 있도록 돕는 특권을 누렸다. 그리고 지금은 제2의 서울 부흥을 주도할 다음세대인 3,000여 명의 청소년을 매년 '청소년 기름부음 캠프'로 섬기며 전국의 중·고등학교에 기도 모임을 만드는 교회가 되었다.

이 모든 일은 절대로 그냥 되지 않았다.

하나님의 특별한 은혜가 아니고는 이루어질 수 없는 일이었다. "이런 교회도 할 수 있다!"라고 말씀하고 싶어 하신 하나님의 인도하심을 나누며 하나님의 은혜를 찬양하고 싶어 이 책을 한국 교회에 내놓게 되었다. 가난한 동네에서 오직 순교적 영성을 토대로 하늘나라 면류관을 바라보며 헌신한 상계 가족의 수고를 나누며 한국 교회에 조그마한 희망의 불을 던지고 싶었다.

상계 가족은 봄날의 꽃 잔치, 가을날의 단풍놀이를 즐긴 지가 오래되었다. 오로지 '영혼 구원', '교회 부흥', '한국 교회 살리기', '다음세대 세우기'를 위하여 달려왔다. 그들의 수고가 오늘의 상계교회를 이루었다. 그들이 있기에 상계교회는 오늘보다 내일이 더 기대가 되는 교회라고 감히 말할 수 있다.

부족하지만 이 책이 나오도록 용기를 주신 넥서스CROSS에 감사드린다. 그리고 나를 도와 이 책을 집필한 최지수, 현진희 두 자매의 특별한 헌신을 기억하며, 여러 자료를 제공해 준 교역자와 교우께도 감사드린다. 그리고 이 책을 추천해 주신, 내가 닮고 싶은 이기복 감독님, 최이우 목사님, 정성진 목사님, 오정호 목사님, 이상대 목사님, 박노권 총장님, 손기철 장로님께 감사드린다.

나는 오늘도 여전히 외친다.
"나의 사랑하는 조국 대한민국의 교회를 사랑합니다!"

그리고 기도한다.
"하나님! 상계교회를 만만하게 사용해 주십시오."

상계교회 서길원 목사

Part 1 성령의 북동풍
상계교회 리바이벌 이야기

 Part 2

비전교회의 힘과 도전이 되다
교회부흥세미나 이야기

다시 교회가 뛴다

Part 4

내일의 상계교회 이야기

Part 1
성령의
북동풍

상계교회 리바이벌 이야기

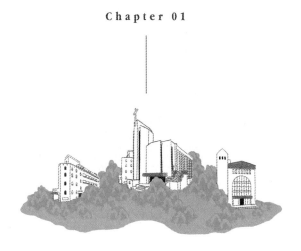

Chapter 01

한 통의 전화

수화기를 내려놓고도 한참을 그대로 앉아 있었다. 어떤 말을 해야 할지 몰라 아무 대답도 못한 것이 내내 마음에 걸렸다. 애써 고개를 흔들며 생각을 떨치려는 찰나, 함께 청양교회를 섬기던 손성근 전도사님이 사무실로 들어왔다.

"목사님, 무슨 일 있으세요?"

근심하는 기색이 있었는지 그가 조심스럽게 물었다.

"서울에 있는 후배 목사에게 전화가 왔어."

"어떤 일 때문에요?

"서울 노원구에 있는 상계교회에서 목회자를 청빙하는데 나보고 오란다. 지금 교회 지어야 할 때인데…."

그 당시 섬기던 청양교회는 100주년 기념 성전을 지으려고 준비하고 있었다. 40개월 만에 출석 인원이 150명에서 장년 500명, 교회학교 300명으로 부흥한 덕에 새 성전이 꼭 필요했다. 이를 위해 교회 뒤편 땅을 매입하고 설계도를 그리던 중이었다. 그런데 손 전도사님의 대답은 매우 뜻밖이었다.

"목사님, 꼭 가셔야 합니다."

"아니, 손 전도사님이 어찌 알고 그렇게 말하는가?"

"저도 그 교회를 가본 적이 있습니다. 목사님이 정말로 필요한 교회입니다. 목사님께 연락이 오다니 정말 놀라운 일입니다."

알고 보니 상계교회는 손 전도사님의 처가 식구가 다니던 교회였다.

"청양교회는 어떻게 하고?"

"청양교회에서 이만큼 하셨으니 다음은 하나님이 하실 것입니다."

손 전도사님은 사무실을 나갈 때까지 나에게 상계교회로 갈 것을 권했다. 그러나 나는 상계교회에 가지 않기로 마음을 굳히고 있었다.

'지금 교회를 옮기면 청양교회의 100주년 성전 건축이 중도에 멈춰질지도 몰라.'

결국 하나님의 뜻대로

상계교회의 장로님들은 참 대단했다. 미지근한 반응을 보이는 내게 끊임없이 연락해 오셨다. 나는 마지못해 만날 약속을 잡았다. 그러나 만나기 며칠 전 교회 전도사님의 큰 아이가 교회 마당에서 교통사고로 세상을 떠나는 안타까운 일이 생겼다. 모두가 큰 슬픔에 빠졌고, 나는 청양교회를 떠나는 것은 하나님의 뜻이 아님을 확신했다.

청양교회에 있기로 결정하고 그간 있었던 모든 일을 교우에게 알렸다. 그러면서 더욱 힘을 내어 성전을 짓자고 외쳤다. 성전 건축 준비에 여념이 없던 어느 날, 예고 없이 상계교회 전형 위원 네 분이 청양교회를 방문했다. 눈물의 호소였다.

"목사님 꼭 와주십시오. 이 정도 되면 청양교회는 누가 와도 이어갈 수 있습니다. 상계교회는 너무나 급합니다."

그 분들의 말 한 마디 한 마디에는 교회를 사랑하는 마음이 가득 묻어 있었다. 흔들리는 교회를 향한 애통함이 절절하게 느껴졌다. 그러나 나는 청양교회를 떠날 수 없었기에 기도해 보겠다는 말로 완곡하게 거절하고 보내 드렸다. 그런데 그 분들은 기도해 보겠다는 나의 말을 반 승낙의 의미로 여기시고는 서울에 올라가 감리사님께 덜컥 허락을 받아 버리셨다.

다음 날, 인천 대은교회 전명구 목사님이 강사로 오신 지역연합성회가 청양교회에서 열렸다. 처음 뵌 분이었는데 첫날 집회부터 내 문제를 아는 듯 설교하셨다.

"부르실 때 순종해야 합니다. 나 역시 지금의 교회에 안 간다고 버티다가 결국 교인들이 밤에 보쌈해서 오게 되었습니다."

전명구 목사님의 간증은 내 상황에서 그냥 지나칠 수 없었던 말씀이었다. 둘째 날 점심 집회 후 나는 목사님에게 상계교회의 청빙 문제를 말씀드렸다.

"저는 청양교회에서 해야 할 일이 많아 임지를 옮기는 것이 불가능한 것 같습니다."

강사 목사님은 나를 지그시 바라보며 단호한 말투로 말했다.

"상계교회로 가는 것이 하나님의 뜻입니다."

"청양교회 건축은 어떻게 하고요?"

"목사님의 지금 건강 상태로는 교회를 지을 수 없어 보이십니다."

사실 그때 B형 간염을 앓고 있었으나 치료할 시간이 없었다. 성전 건축을 위해 금식하고 기도하며 여러 집회를 다녀야 했기 때문이다.

"여기까지 인도하신 하나님께서 청양교회가 또 다른 방법으로 성장하도록 길을 모색하실 것입니다. 그러니 젊을 때에 서울로 가서서 한국 교회를 위해 더 큰일을 하셔야 합니다."

사실 내 마음은 갈피를 잡지 못한 상태였다. 성도들에겐 청양교회에 남겠다고 선언했지만 상계교회가 계속해서 생각났고 잠시 뵀었던 전형 위원들의 눈물이 떠올랐다. 나는 내심 강사 목사님이 청양교회에 머물라 말씀하시길 기대했다. 그런데 예상과 반대의 대답이 나오니 정말 당황스러웠다. 결국 나는 그 집회에서 모든 것이 하나님의 계획임을 받아들이고 상계교회로 가기로 결정했다.

눈물의 이별

청양교회는 한 마디로 난리가 났다. 저녁마다 목양실에 사역자들과 중직들이 찾아와 눈물로 떠나지 말기를 강청했다. 교인들 중 일부는 상계교회로 올라가 "우리 목사님 훔쳐가지(?) 말라"고 데모까지 했다.

어떤 분들은 교회 홈페이지에 악성 비난 글을 올렸다. 나는 서울 교회, 큰 교회 못 가서 안달이 난 사람이 되어 있었다. 내 진심을 알지도 못하고 이런 글을 쓴 사람들에게 정말 섭섭했다. 그러나 청양교회 교우들이 느꼈을 배신감을 생각해 보면 그럴 수도 있겠다 싶었다. 말로 표현할 수 없을 만큼 미안하고 괴로운 시간이었다. 그렇다고 물러날 수도 없는 처지였다.

게다가 청양교회 후임 선정에 문제가 생겼다. 분란의 소지가 충분해 보였지만 떠난다고 선언한 내가 할 수 있는 것은 하나도 없었다. 상계교회로 가기로 한 시간은 가까워 오고, 후임은 정해지지 않고, 섭섭해하는 성도들의 공격은 거세졌다.

그때 어느 권사님 부부가 나를 저녁식사에 초대했다. 성도들의 따가운 눈초리에 마음이 많이 메말라 있을 때라 그 대접은 정말 고마웠다.

이런저런 이야기를 나누다가 부인 권사님이 먼저 운을 떼었다.

"목사님, 서울로 가셔서 참 잘 되었어요. 사실 목사님 건강을 많이 걱정했어요."

울컥 목이 메었다. 응원하는 말을 들으니 천사의 음성인 듯했다.

"그런데요, 후임을 선정하지 않고 떠나시면 청양교회 목회는 실패하신 거예요."

그랬다. 후임 선정은 청양교회에서 해야 할 나의 마지막 사명이었다. 나는 그날로 구역 인사위원을 모아 머리를 맞대며 후임 선정을 위해 노력했다. 하나님은 기적적으로 잘 훈련된 김종필 목사님을 청양교회로 보내 주셨다. 눈에 띄게 살이 빠질 정도로 혼란스러웠던 시간에 종지부를 찍는 순간이었다.

2004년 7월 31일, 청양교회를 떠나는 날이다. 상계교회 장로님들이 우리 가정을 데리러 왔다. 차에 가족이 올라탔지만 청양교회 교우들은 차가 떠나지 못하도록 길을 막고, 닫힌 차문을 붙잡고 눈물을 흘렸다. 나 역시 차 안에서 울고 또 울었다. 한참의 시간이 지난 후에야 겨우 서울로 출발할 수 있었다. 고속도로를 달리는 차 안에서도 눈물이 멈추지 않았다. 청양교회에서 받은 모든 은혜가 떠올랐다.

본디 우리는 나그네다. 우리의 목적지는 하나님이 계신 그곳이다. 청양교회에서 쌓은 교우들과의 정이 너무나 두터웠지만 하나님이 원하신다면 미련 없이 자리를 털고 일어서는 것이 맞았다. 나그네 인생인 나는 청양교회를 통해 받은 은혜에 감사해 춤을 추어야 했다. 하나님은 작고 약한 나를 통해 청양교회를 일으키셨고, 나는 그 부흥의 기억으로 인해 또 다른 부흥을 꿈꿀 수 있게 되었다. 찬양의 가사처럼 내가 가고 서는 것이 모두 주님 뜻에 있음을 다시 한 번 고백하는 순간이었다.

나는 땅에서 나그네가 되었사오니 주의 계명들을 내게 숨기지 마소서

_시편 119:19

첫 예배

상계교회 강단에 처음 올랐던 그날을 잊지 못한다. 성도들은 마치 심사관 같았다.

"새로 온 목사, 설교나 한번 들어 볼까?"

설교를 들어 보고 교회에 남을지 떠날지 결정하려는 표정이었다.

상계교회는 전임 목사님 은퇴 후 4개월, 아니 정확히 따지자면 1년 4개월간 분쟁에 휘말린 교회였다. 젊은이들은 떠났고 교회 중직들은 지칠 대로 지쳐 있었다. 문제를 해결하기 위해 누구도 나설 수 없는 팽팽한 긴장이 가득했다. 예배 역시 마찬가지였다. 모두가 담임 목사만 쳐다보고 있었다.

그날 예배의 첫마디는 이것이었다.

"모두 자리에서 일어나 서로 인사합시다."

교인들은 어리둥절했다.

"앞자리가 많이 비었습니다. 앞에서부터 채워서 앉읍시다."

지금에서야 말하지만 정말 큰 용기였다. "반갑습니다, 축복합니다, 감사합니다"를 말하기도 전에 성도들을 일으켜 세우다니! 엉거주춤 일어난 성도들은 못이기는 척 새로 온 목사의 말에 따라 주었다.

나는 두 가지의 내용으로 말씀을 전했다.

"이 교회의 주인은 하나님이십니다. 담임 목사도 주인 노릇 하지 않 겠습니다. 혹여 제가 주인 노릇하거든 끌어내리십시오. 반대로 여러분 중에 교회 주인 노릇하는 사람이 있다면 제가 목사직을 걸고 싸우겠습 니다. 또 한 가지 우리의 뇌리에 새겨야 할 것이 있습니다. 하나님은 반 드시 상계교회에 부흥을 주실 것입니다. 상계교회를 다시 일으켜 귀하 고 귀하게 쓰실 것입니다."

상계교회는 1986년에 예배당을 지은 후 리모델링을 하지 않았다. 좋게 말하면 전통적인 교회였고, 나쁘게 말하면 고루한 교회였다. 청소 년과 청년, 청장년들이 북적대던 청양교회와는 다른 묵직함이 있었다.

어디서부터 시작해야 할지 감이 오지 않았다. 무슨 말이든 정치적으 로 해석하려는 경향이 가득한 이 교회에서 무엇을 어떻게 해야 할지 막 막했다.

네게서 날 자들이 오래 황폐된 곳들을 다시 세울 것이며 너는 역대의 파
괴된 기초를 쌓으리니 너를 일컬어 무너진 데를 보수하는 자라 할 것이
며 길을 수축하여 거할 곳이 되게 하는 자라 하리라   _이사야 58:12

목사가 된 무당의 수양아들

나의 첫 담임 목회지는 충남 논산군 양촌면 반암리에 있는 반암교회
였다. 박정순 집사님 댁 사랑방에서 어른 4명과 어린이 몇 명이 모여
예배드렸다. 첫 사례비는 3만원이었다.

당시 나는 무작정 논으로, 밭으로 뛰어나갔다. 내 호주머니에는 항상
박카스 몇 병이 들어 있었다. 동네 어르신들을 대접하기 위해서였다.
어릴 적 우리 집은 과수원을 했었기에 일하는 어르신들과 이야기를 나
누는 것은 어렵지 않았다.

새참 때가 되면 막걸리를 한 잔 걸치신 어르신들 곁에 자리를 잡고
앉아 말을 건넸다.

"요새 너무 가물어서 힘드시죠?"

"올해 농사 잘될 거예요. 제가 오늘 새벽에도 기도했거든요."

대부분 호의적으로 받아 주었지만 몇 분은 새파랗게 젊은 전도사가
와서 말을 거는 것을 탐탁지 않게 여겼다. 일하는 데 치대지 말라며 호
통을 치는 분도 있었다. 그러나 감사하게도 많은 분이 내가 하는 이야

기에 귀를 기울였다.

"그래서 예수님 믿으려면 어디로 가야 한다고?"

"저기 빨간 지붕 박정순 집사님 네로 오셔요!"

그렇게 전도에 힘을 쓰던 어느 날이었다. 동네 이장을 하셨던 어르신이 대전 을지병원에서 뇌암으로 치료를 받다가 이제는 가망이 없다고 선고받고 집으로 돌아왔다. 그 소식을 들은 집사님 한 분이 "저분이 고침 받고 교회 나오시면 저절로 전도가 될 텐데요"라고 내게 말했다. 나는 마음에 큰 도전이 되었다. 그날로 교우를 모아 그 분을 위해 저녁마다 심방하며 기도했다. 그리고 기적의 하나님은 그 분이 고침 받고 교회에 출석하게 하셨다. 할렐루야! 이 일을 통하여 반암교회에는 40가구의 절반인 20가구가 모이는 부흥이 일어났다. 사랑방이 차고도 넘쳐 마당에까지 사람들이 앉았다. 하나님의 은혜로 작지만 아름다운 교회를 짓는 복도 누리게 되었다. 이 모든 과정을 거치면서 가장 놀란 사람은 나였다.

'내가 설교를 해도 성도들이 은혜를 받네!'

'무당의 수양아들인 나도 목회할 수 있네!'

아버지의 복된 장례식

1977년, 중학교 2학년 여름이었다. 언젠가부터 아버지께서 소화가 되지 않는다는 말을 꽤 자주 하셨다. 여느 때보다 밥도 적게 드시고, 식사 후에는 꼭 나를 불러 등을 두드리게 하셨다. 여러 가지 좋다는 민간요법을 시도해 봤지만 차도가 없었다. 아버지는 결국 대전 성모병원에서 정밀 검사를 받았고, 그 결과는 우리 집안을 송두리째 흔들어 놓았다. 진단 결과는 위암 말기, 3개월 시한부였다. 그 당시 농촌에서 아버지가 쓰러진다는 것은 집안이 망하는 것과 다름없었다. 아버지가 꾸리시던 전답이며 과수원은 어떻게 해야 할지, 그리고 아버지 병간호는 어떻게 해야 할지 몰라 모두가 당황하고 있었다. 그때 12살 위의 형님이 친척 어른들 앞에서 당돌하게 선언했다.

"아버지 모시고 기도원에 가겠습니다."

형님은 군대에서 예수님을 영접하고 연무중학교 교사로 봉직하며 연무중앙교회를 섬기고 있던 차였다.

"이놈이 군대 가서 예수 믿더니 단단히 미쳤구나!"

집안이 발칵 뒤집혔다. 친척 할아버지는 손찌검까지 하셨다. 그러나 형님은 물러서지 않았다. 어머니를 설득해 함께 영암산 기도원으로 아버지를 모시고 갔다. 아버지는 그곳에서 예수님을 구주로 영접하시고 그해 겨울 하나님의 부름을 받고 천국에 가셨다.

이 일을 계기로 우리 집은 교회에 다니게 되었다. 우리 집이 교회를 다닌다는 것은 동네의 큰 이야깃거리였다. 아버지는 동네 이장을 하시면서 교회를 쫓아내는 일에 앞장서셨고, 어머니는 대소사가 있을 때마다 무당을 불러 굿을 하기 일쑤였기 때문이다. 오죽했으면 무당 아주머니가 나를 수양아들로 삼기까지 했을까.

마귀의 역사도 강했다. 어머니는 숱한 밤 악몽을 꾸어 소리 지르며 깨셨다. 그때마다 어머니가 부르셨던 찬송가는 "내 주의 보혈은 정하고 정하다. 내 죄를 정케 하신 주, 날 오라 하신다"와 "주 안에 있는 나에게 딴 근심 있으랴. 십자가 밑에 나아가 내 짐을 풀었네"였다. 그렇게 새벽마다 찬송을 부르시고는 성경책을 베개 삼아 주무셨다.

내게 교회는 참 낯설었다. 성경을 찾기도, 찬송을 부르기도 힘들었다. 워낙에 내성적인 성격이어서 더욱 그랬는지도 모르겠다. 그러나 아버지가 없는 내가 하나님을 아버지로 부를 수 있어서 좋았다. 망한 집 아들인데 꿈 이야기를 들을 수 있어서 좋았다. 매주 간식으로 주던 빵도 좋았다.

어느 날 형님이 나를 불렀다. 고등학교를 어디로 가야 하나 고민하던 때였다.

"길원아, 내가 목회자가 되고 싶지만 집안을 책임져야 하니 네가 신학을 하거라. 그리고 목회를 하려면 큰 도시에 나가서 많은 것을 보아야 하니 대전으로 가거라."

나는 아무런 대꾸도 하지 않고 형님의 말대로 진로를 정했다. 아버지가 없는 집에서 형님의 말은 법이었다. 그리고 형님이 하자는 대로 하는 것이 가장 좋은 것 같았다.

대전에서 공부하는 일은 쉽지 않았다. 경제적인 차이에서 느끼는 위화감도 있었지만 공부에서의 자신감도 많이 위축되어 있었다. 중학교

때엔 늘 1등을 했다. 그런데 고등학교에 오니 사정이 달라졌다. 나보다 더 잘하는 친구들을 만나게 된 것이다. 나는 너무나 가난했고, 1등을 빼앗긴 것만 같은 기분에 주눅 들어 학교에선 늘 침묵했다. 아마 교회를 다니지 않았다면 완벽주의 기질에 스스로가 잠식되어 부정적이고 비판적인 사람이 되었을 것이다.

하지만 고2 여름 수련회를 기점으로 나는 달라졌다. 형님의 말 때문이 아니라, 하나님의 살아 계심을 확신하면서 스스로 신학의 길을 걷기로 다짐했다. 결심한 이후 열심히 공부하여 목원대 신학대학에 입학하게 되었다.

신학대학 시절은 즐거웠다. 수석으로 입학해서인지 교수님과 동기들이 내게 기대를 걸어 주었고, 나 역시도 자신감을 회복하는 축복의 시간을 보냈다. 아내도 거기에서 만났다.

아버지의 장례를 앞두고 형님이 보여 주신 결단이 아니었다면 나는 지금 어디서 무엇을 하고 있을까? 내 삶의 모든 순간이 어머니 태에서부터 하나님께서 계획하신 섭리임을 고백할 수밖에 없는 인생이라 행복하다.

새댁을 홀로 두고

아내는 참 작고 여린 사람이다. 사역에 대한 열정으로 불타오르던 시절, 단 한 번도 내게 찬물을 끼얹은 경우가 없었다. 오히려 장작이 되어 활활 불타게 해주었다. 그런 아내가 내게 불평 아닌 불평을 한 적이 있었다.

나는 군목으로 입대하여 3사단과 26사단에서 젊은이 사역을 했다. 군 교회는 옆에 불당이 함께 있어 찬송 소리와 목탁 소리가 공존하는 재미가 있다.

3사단에서는 주일이면 끼니도 거르고 연대교회와 대대교회, 철책 초소를 다니며 새벽 예배부터 주일 저녁 예배까지 모두 드렸다. 그리고 일주일에 한 번은 밤마다 GOP의 철책선을 다니며 병사들을 위로하고 전도했다. 해가 뜰 때까지 병사들과 이야기를 나누고 들어오면 아내는 항상 깨어 있었다.

"이제 새벽기도 가야지요?"

"네. 이제 가요."

그런데 왠지 그날따라 아내가 이상했다.

"무슨 일 있었어요?"

"아니에요."

말끝을 흐리는 아내가 아무래도 걱정되어 다시 한 번 물었다.

"안 좋은 꿈을 꿨어요?"

아내는 한참을 머뭇거리다가 겨우 입을 떼고 말했다.

"밤에 혼자 있는 게 너무 무서워요."

아뿔싸. 신랑 하나 믿고 산속에 온 아내를 미처 신경 쓰지 못한 것이다. 신혼의 여리디 여린 새댁이 밤에 혼자 있으니 얼마나 무서웠을까.

부대 내에서 한 병사가 자살을 기도한 사건이 있었다. 사건이 터지자마자 나는 그에게 달려갔다. 누구보다 지쳐 있을 병사를 위로하고 기도해 주었다. 그리고 병사의 손을 붙잡고 우리 집으로 갔다. 혼자 두는 것이 영 마음에 걸려 우리 집에서 재우기로 한 것이다. 낯선 젊은이와 귀가하는 나를 보고 놀라던 아내의 표정이 아직도 선하다. 그렇게 우리 집과 부엌은 병사들에게 늘 열려 있었다.

큰 딸 예은이가 태어나는 날도 그랬다. 진통이 시작된 아내를 병원에 데려다 주고 나는 다시 부대로 돌아와 진지 공사를 하던 병사들에게 국수를 삶아 주었다. 아직도 아내는 큰딸의 생일이 되면 "아빠는 국수 삶으러 가셨어"라고 놀리곤 한다.

나의 군목 시절은 아내가 무서워하는 줄도 모르는, 내 몸이 병드는 줄도 모르는 시간이었다. 보다 못해 안수 집사님이었던 연대장님이 '전방 출입 금지' 명령을 내리기도 했다. 연대장님 성화로 예배를 군종병에게 맡기고 링거를 맞기도 했다.

26사단 75연대 은하교회는 4명으로 시작한 교회였지만 몇 개월이 못 되어 2개의 교회를 신축하고 1개 교회를 증축하는 복을 누리게 되었다. 훌륭한 지휘관들의 사랑을 받았고, 젊은 군종병들의 헌신과 열정을 배웠다.

군 목회는 연약한 나에게 담대함을 주시려는, 조직력을 보강해 주시려는, 좋은 사람들을 만나게 하시려는 하나님의 은혜 그 자체였다.

군목을 제대하고 서울 임마누엘교회 아동부 목사로 부임했다. 내가 아이들을 잘 이끌 수 있을까? 자신 없었지만 군대에서 일하신 하나님이 어린이들에게도 일하신다는 확신을 갖고 임했다. 결과는 아주 놀라웠다. 아이들만 1,270명까지 모이는 열매를 주셨다.

상계교회 리모델링

요즘 여학생들을 볼 때 신기한 것이 있다. 앞머리에 다들 뭘 하나씩 붙이고 다니는 것이다. 중등부 전도사를 하고 있는 큰 딸에게 저게 요즘 최신 유행이냐고 물었다.

"아빠, 저거 헤어롤이에요."

"헤어롤?"

"구루뿌요. 구루뿌! 앞머리가 축 쳐질까봐 저걸 하고 다녀요."

손에서 거울을 놓지 않고, 주머니에서는 빗이 두세 개씩 나오는 자매들에게 내가 꼭 하는 말이 있다.

"하나님이 지어 주셨으니 안 봐도 빛난다!"

그러면 그들은 깔깔거리며 말한다.

"목사님, 하나님은 중심을 보시지만 사람은 외모를 봐요."

예배당도 똑같다. 예배당도 아름다워야 한다. 크고 웅장한, 폼 나는 건물을 말하는 것이 아니다. 교회의 분위기와 온도를 말하는 것이다.

상계교회의 성도들은 교회를 사랑했다. 하지만 상처 입은 마음이 교회 곳곳에서 느껴졌다. '과연 이게 될까?' 하는 의심이 가득했다.

내게는 하나님께서 특별히 주신 축복이 있다. 바로 교회 건축이다. 반암교회에서도, 군목 시절에도, 청양교회에서도, 성전을 건축하는 은혜를 누렸다. 청양교회에선 청소년으로부터 시작된 부흥이 성인에게도 이어져 읍민의 10퍼센트인 800명이 출석하는 교회가 되는 축복이 있었다. 150명에서 시작한, 40개월 만에 이룬 쾌거였다. 수원에서, 전주에서, 공주에서, 심지어 서울에서도 청양교회에 예배를 드리러 몰려왔다. 교회당이 부족해서 결국 증축을 결의하고 헌금하기 시작했다. 그러나 하나님은 증축이 아니라 100주년 새 예배당을 건축하는 쪽으로 인도하셨다. 그렇게 건축을 준비하다가 상계교회로 온 것이다.

상계교회에 부임한 지 7개월 만에 교회 리모델링을 추진했다. 당시 교회에는 창문이 많아 예배 때 뜨겁게 부르짖으며 찬양하면 주민들의 항의가 많았다. 이대로는 예배에 집중할 수 없는 상황이었다. 또 건축한 지 오래되어 교회가 너무 낡았고, 젊은이들이 가까이 할 수 없는 분위기였다. 리모델링을 통해 상처를 씻어내고 활력 있는 분위기가 조성되길 기도했다.

결과는 대성공이었다. 교회 곳곳에서 밝은 기운이 넘쳐났다. 공사가 진행되는 과정 하나하나에 성도들은 부흥과 새 소망을 보았다. 벽을 시트지로 바를 것인지, 벽돌로 작업할 것인지에 관한 것까지 모두 기도하며 하나님의 지혜를 구했다. 하나님의 성전이 날마다 변해가는 모습이 감동이었고 기쁨이었다.

리모델링이 끝나자 사람들이 교회로 모이기 시작했다. 1층에 마련한 까페 로뎀 하우스를 지역 주민에게도 개방해, 동네 사람이 와서 담소를 나누기도 했다. 교회와 연고가 전혀 없던 지나가는 사람이 화장실을 이용하러 들어와서 "교회가 예쁘네" 하며 교회를 둘러보다가 우리 전도사님에게 붙잡혀(?) 그 주일에 등록한 사람도 있다. 소그룹 활동도 활발해졌다. 교회에 모일 장소가 많아졌기 때문이다. 또 사람들에게 전도할 때 "우리 교회 정말 예뻐요" 하고 자랑도 했다.

리모델링하는 동안 토요일이 되면 마스크를 쓴 성도들이 본당으로 모였다. 내일 드릴 예배를 위해 먼지를 뒤집어쓰며 바닥에 장판과 은박지를 깔았다. 주일이 되면 성도들은 신문지를 깔고 본당 바닥에 앉아서 예배를 드렸다. 자리가 불편할까봐 설교 내내 걱정이 되었다. 그러나 상계교회에는 내 생각보다 더 훌륭한 성도들이 있었다. 불평하지 않고 오히려 새 성전을 위해 기도하며, 우리에게 새로운 기운을 주실 하나님을 기대한 성도들이었다.

> 그들이 우리에게 대답하여 이르기를 우리는 천지의 하나님의 종이라
> 예전에 건축되었던 성전을 우리가 다시 건축하노라 _에스라 5:11a

본질을 외칠 때는

컬럼비아대학 교수인 윌리엄 더건은《제7감각-전략적 직관》이라는 책을 썼다. 전략적 직관이란 좋은 아이디어가 섬광 같은 통찰력으로 나타나는 것을 말한다. 머릿속의 뿌연 안개를 뚫고 지나가는, 선명하게 반짝거리는 생각이다.

감사하게도 나는 기질적으로 행동파다. 좋은 것이 있으면 주저하지 않는다. 행동으로 옮기면서 방법을 찾고, 그 방법을 발전시키고 숙성시키는 스타일이다. 물론 실수도 있지만 기회를 놓치지 않기에 더 많은 것을 얻을 수 있었다.

특별히 본질적인 것을 외칠 때에는 맹수와 같이 달려든다. 대개의 공동체는 본질적인 것들로 싸우지 않는다. 비(非)본질에 목숨을 건다. 매우 사소한 일, 감정적인 것들 말이다. 그런데 이런 문제를 해결하려고 달려들면 오히려 문제에 함몰되고 만다. 대신 이때 본질적인 것을 내걸면 공동체는 정신을 차린다.

이를 위해 나는 '비전 중심 공동체'로의 전환을 중요하게 생각한다. 마주 바라보면 싸운다. 서로가 너무 잘 보이기 때문이다. 다른 사람 눈에 있는 티끌이 들보처럼 보이는 신기한 일이 생긴다. 공동체는 마주보지 말고 한 곳을 함께 바라보아야 한다. 그래야 힘이 결집된다. 격려로 뭉친다. 리더의 가장 중요한 과업은 공동체의 비전을 설정하는 일이다. 공동체에서 내가 해야 하는, 할 수 있는 일이 무엇인지 찾아야 한다.

북동풍아 불어라

"하나님, 왜 이 종을 상계교회에 보내셨습니까? 이 교회를 어떻게 쓰시렵니까?"

나는 기도 시간마다 하나님께 늘 물었다. 청양교인들의 눈물을 뒤로한 채 나를 이곳에 보내셨다면 분명 이유가 있을 것이라 확신했기 때문이었다. 그때 하나님은 '바람'을 떠오르게 하셨다. 그것도 그냥 바람이 아니라 '북동풍'이었다.

한국 교회에는 부흥의 바람이 다시금 필요하다. 분명 바람의 근원은 서울일 것인데 강남풍(風)은 한계에 다다랐다. 감성의 시대에 맞추려면 어머니의 젖가슴에서 나오는 따뜻함과 자식을 향한 억척스러움이 필요하다.

상계교회가 위치한 곳에는 당고개라는 동네 이름에서 알 수 있듯 붉은 깃대를 꽂은 무당집이 많았다. 형편이 어려운 사람이 모여 살다 보니 미신을 섬기는 가정이 많았던 것이다. 그래도 다닥다닥 붙어 있는 집들만큼이나 끈끈한 정이 넘쳤다.

영적 싸움이 심한 이 시대에는 웬만한 바람으로는 안 된다. 살을 에는 듯한 매섭고 억척스러운 바람이 필요하다. 그것이 북동풍이다. 누구보다 서민적이며 매서운 바람, 그 바람이 상계교회에 있음을 확신했다. 서울의 북동단인 상계동, 그리고 시베리아에서부터 불어오는 매서운 북동풍!

〈사도행전〉의 초대교회도 성령의 바람으로부터 시작되었다.

> 홀연히 하늘로부터 급하고 강한 바람 같은 소리가 있어 그들이 앉은 온 집에 가득하며
> _사도행전 2:2

그렇게 시작된 바람은 사방으로 퍼져나가 가는 곳곳마다 불의 역사, 기쁨의 역사, 생명의 역사를 일으켰다. 기도의 문이 열리고, 환상을 보고, 병든 자를 고치는 표적들이 일어났다. 새로운 일꾼들이 세워지고

핍박 중에도 복음은 더욱 강하게 전파되며 결국은 한 도시가 주께로 돌아오는 큰 기쁨이 일어났다.

나는 이를 위해 기도하면서 무리들이 저절로 몰려드는 환상을 보았다. 우리 교회가 부흥하는 것뿐 아니라 상계교회가 서울 부흥의 진원지가 되는 것을 보았다. 통일 시대까지 바라보며 우리가 해야 할 역할과 하나님의 기대하심을 느꼈다.

11111의 비전

나에게는 개인적인 비전이 있다. 11111이 그것이다. 나로 인해 1만 가정이 구원받고, 그중에 1,000명의 지도자가 나오며, 그중에 100명의 글로벌 리더가 나와 세상 구석구석 거룩한 영향력을 끼치며, 그중에 10명의 영적 거장이 나와 세계의 영적 흐름을 바꾸며, 그중에 1명이 노벨 평화상을 받는 것이다.

꿈은 내가 꾸지만 그 꿈이 나를 만든다고 했다. 나는 이 꿈을 붙잡고 몸부림치며 기도했다. 이 일이 이루어질 줄 믿고 도전했다. 비전을 품고 달려야 비로소 진정한 사역이 되는 것이다. 나 역시 비전을 정하고 나니 사역의 차원이 달라졌다. 사람들이 사역의 대상이 아닌 하나님 나라의 리더로 보였다. 특히 청소년과 청년을 향한 마음은 남달랐다.

상계교회에서도 마찬가지였다. 이곳으로 부르신 하나님의 뜻을 알기 위해 고민하던 중 나의 비전에 비추어 해석해 보기로 마음먹었다. 그때 하나님께서 노원구의 인구 분포도를 찾아보라는 지혜를 주셨고, 나는 무릎을 칠 수밖에 없었다.

노원구는 대한민국에서 초등학교와 고등학교가 가장 많은 동네이다. 강북의 교육 특구라고 불리는 은행 사거리만 가보아도 청소년이 우글거린다. 말 그대로 봇물이 터지듯 쏟아져 나온다. 차세대 리더들이 가득한 공간인 것이다! 하나님은 나의 비전을 이루게 하시려 이곳에 보내신 것이었다. '11111'의 비전을 실현하기에 이보다 좋은 곳은 없었다.

나는 기도하며 하나님이 우리에게 원하시는 기대를 토대로 상계교회의 비전을 다시 세웠다.

영적인 북동풍으로 한국을 예수마을로 만드는 교회
　　① 성도들이 사역하는 행복한 교회
　　② 1만 명이 모여 서울을 주도하는 교회
　　③ 인재를 양성하여 한국과 세계에 도전을 주는 교회

첫째, 우리는 사역자로, 지도자로 부름받은 사람들이다. 구경꾼이 아니라 선수다. 평신도들의 전문성은 복음 확산에 절대적으로 필요하다. 각 사람이 작은 목회자가 되어 행복하게 사역해야 한다.

둘째, 1만 명이 모인다는 말에는 거꾸로 흩어진다는 의미도 있다. 교회는 모이는 교회도 돼야 하지만 흩어지는 교회도 돼야 한다. 1만 명이 각자의 삶의 현장으로 파송된 목회자가 되어 자신의 삶을 작은 교회로 만들어야 한다. 심산궁곡 구석구석 들어가 빛을 발해야 한다.

셋째, 교회는 사람을 키우는 곳이다. 하나님은 지도자에게 관심이 있다. 지도자 한 사람이 끼치는 영향력을 잘 아시기 때문이다.

비전은 우리를 향한 하나님의 기대다. 이것은 하나님 앞에 우리의 사명이다. 하나님은 구하는 자에게 반드시 주신다. 하나님이 주시면 그것을 꿈(dream)으로 풀어내야 한다. 풀어내되 교회 본질과 맞아야 하고, 담임 목사가 수행 가능해야 하며, 교회 상황과 부합해야 한다.

그리고 풀어냈다면 공유해야 한다. 이 대목에서 비전 성취의 여부가 결정된다. 외쳐야 하고 써서 붙여야 한다. 우리는 매 주일 예배 때마다 비전을 외쳤다.

"영적인 북동풍으로 한국을 예수마을로 만드는 상계교회!"

한 목소리로 외치며 전열을 다지는 사이 성도들은 미래에 대한 꿈을 품고 하나가 되었다.

10여 년이 지난 지금, 뒤를 돌아보면 참 놀랍다. 상계교회는 이 비전에 충실하였고 이 비전이 상계교회를 만들어 냈다. 비전대로 상계교회는 10년간 비전교회 자립 운동과, 5년간 청소년 세우기를 통하여 한국을 예수마을로 만드는 일을 감당하는 교회가 되었다.

낯설지 않은 새로움

나의 이십대 시절 최고 인기스타는 이문세였다. 내 또래 가운데 이문
세의 〈별이 빛나는 밤에〉를 들어보지 않은 사람은 한명도 없을 것이다.
사실 나는 유행에 눈이 어두운 터라 라디오를 즐겨 듣지는 않았다. 그
럼에도 내가 좋아하던 노래가 있었는데 바로 이문세가 부른 〈소녀〉였
다. 절대 떠나지 않겠다던 다정한 가사가 참 좋았다.

그런데 그 노래가 요새 다시 들리기 시작한다. 최근 지난 시절을 반
영하는 드라마에 OST로 쓰인 것이다. 이문세의 원곡이 아닌 리메이크
된 곡으로 말이다. 우리 시대에 듣던 노래를 신세대 가수들의 음색으로

들으니 신선하면서도 그 시절이 새록새록 떠올랐다.

이런 리메이크 방식이 선호되는 이유는 이미 기존의 작품을 통해 안전성이 증명되고, 고객층이 형성되어 있기 때문이다. 나는 이러한 리메이크 형식을 좋아한다. 이것이 교회에도 적용되어야 한다고 생각한다.

나는 어느 공동체이고 장점이 있음을 믿는다. 그리고 그 장점을 빠르게 찾아 발전시키고, 단점을 보완할 새 옷을 마련한다. 이것이 교회의 리메이크다. 한 공동체가 지금까지 유지되었다면 반드시 장점이 있다. 그것을 토대로 단점을 보완하면 공동체가 신속하게 회복됨을 나는 보아왔다.

어떤 리더들은 너무 혁신적인 접근을 하려다 지치는 실수를 범하기도 한다. 개척 교회가 아닌 기존 교회가 주목해야 할 대목이다. 혁신적 시스템을 실행하다 생긴 문제에 목회자가 효과적으로 대처하지 못한다면 목회 리더십에 악영향을 끼칠 수도 있다. 또 교인들은 급격한 변화를 반가워하지 않는다. 새로운 변화에 대한 반발을 진정시키고 그들을 설득하는 것이 일하는 것보다 힘들 때도 있다.

물론 리메이크에도 단점은 있다. 자칫 기존 시스템과의 차별화에 실패할 경우 새로운 힘을 얻기가 어렵다. 또 너무 익숙한 느낌이 들어 새로운 변화를 감지하지 못할 수도 있다. 그렇기 때문에 '낯설지 않은 새로움'이 필요하다.

교회의 전통이나 제도는 그냥 이루어진 것이 아니다. 시간 속에서 많은 실험과 과정을 거쳐 오늘에 이르게 된 것이다. 나는 리메이크의 눈으로 교회를 보며 부흥의 무궁무진한 가능성을 보았다. 우리 안에는 늘 가능성이 있다. 그것을 발견하고 터치하는 것이 목회자가 해야 할 일이다.

예배부터 살리다

교회의 가장 기본은 무엇일까? 그것은 예배다. 교회를 살리기 위해서는 예배부터 살려야 한다. 나는 새벽 예배부터 리메이크를 위해 작업(?)하기 시작했다. 사실 예배와 기도 외에는 다른 방도가 없어 보이기도 했다.

가장 먼저 6시 새벽 기도회를 신설하였다. 젊은이가 한 명이라도 더 나오게 하기 위해서였다. '작전'은 성공적이었고 젊은 부부가 새벽 예배에 나왔다. 또 5시에 오지 못했던 성도가 나오면서 새벽 예배자가 늘어나기 시작했다.

모여드는 성도에게 나는 부르짖는 기도를 가르쳤다. 가르쳤다기보다는 내가 먼저 설교 후에 큰 소리로 기도했다.

"주님! 우리 교회를 회복시켜 주시옵소서!"

"주님! 영적인 북동풍이 불게 하시옵소서!"

부르짖어 기도하면 속사람이 뜨거워진다. 영적인 용기가 생기고 새로운 도전을 하게 만든다. 그러한 도전은 후에 간증 거리가 되어 하나님께 영광을 돌리게 한다. 이것이 부르짖는 기도의 능력이다.

또 목회자가 앞장서면 그 방면에 은사가 있는 성도들이 일어나게 되어 있다. 상계교회 장로님들은 삼각산을 다니며 기도하던 분들이었다. 함께 부르짖으니 손바닥이 짝짝 맞는 것같이 기도에 불이 붙기 시작했다.

매달 첫 주엔 주제가 있는 전교인 새벽 기도회를 진행했다. 그리고 일 년에 한 번 8월 마지막 주부터는 40일 특별 새벽 기도를 시작했다. 설교안을 나눠 주며 출석 도장을 찍었다. 5시, 6시, 9시 30분, 한 명이라도 더 나오도록 예배 횟수를 늘렸다. 부모님 손을 잡고 오는 초등학생까지 기도 행진을 완주하면서 40일 특별 새벽 기도는 상계교회의 트레이드 마크가 되었다. 여기저기에서 간증하는 자들이 일어났다.

다음으로 금요일 심야 기도회를 리메이크하기 시작했다. 토요일 1부 새벽 예배를 금요일 심야 기도회로 대체해 밤늦게까지 기도했다. 매주 금요 부흥회를 인도하는 마음으로 9시부터 11시까지 찬양하고 설교하며 기도회를 이끌어 나갔다. 나는 찬양도 큰소리로 불렀다. 박수도 힘껏 쳤다.

심야 기도회에는 찬양하는 즐거움이 있었다. 심야 기도회가 활성화되자 찬양단도 자생적으로 만들어졌다. 교회에 처음 부임했을 무렵 내가 자주 부르던 찬양은 '예수가 좋다오'였다.

"내가 만난 주님은 참 사랑이었고, 진리였고, 소망이었소."

나는 박수치며 흥겹게 불렀다. 후렴 부분인 "난 예수가 좋다오" 뒤에 "좋구 말구요!" 하는 추임새를 넣어 엄지를 척 세우고 번갈아가며 흔들었다. 성도들의 목소리가 작다 싶으면 내 목청을 더 높였다.

어느 날 할머니 권사님이 나를 보시더니 내 손을 덥석 잡았다.

"우리 목사님, 가수 하셔도 되겠어."

소녀 같은 흰머리 권사님들이 주시는 사랑에는 콩깍지가 씌어 있다.

"찬양이 이렇게 신나고 즐거운 일인지 왜 미처 몰랐을까. 늘 생각 없이 부르곤 했는데 앞에서 목사님이 예수가 좋다고 신나게 고백하시니 내 영혼이 너무 기뻐."

그리고 뒤돌아서시면서 한 마디를 덧붙였다.

"좋구 말구요!"

나중에 몇몇 분에게 들어보니 그전에도 '예수가 좋다오' 찬양을 많이 불렀는데 추임새 넣는 건 처음 봤다고 했다. 나름 파격적인 찬양이었던 셈이다.

찬양으로 활짝 마음 문을 열어야 하나님의 말씀이 쏙쏙 들어온다. 그리고 말씀으로 확신해야 기도문이 열린다. 어느 하나도 포기할 수 없는 부분이다. 기도와 찬양, 말씀 이 세 가지가 잘 균형을 맞춰야 조화로운 예배가 될 수 있다.

주일 예배는 매우 전통적이었다. 그래서인지 이런저런 순서가 많았다. 나는 묵도와 같은 순서를 없애고 반 무언 사회(사회자의 예배 순서 소개를 최대한 줄임)로 예배를 단순하게 만들었다. 예배 담당자(성경 봉독, 대표기도 등) 소개만 빼도 예배는 물 흐르듯 흐른다.

계속해서 이야기하지만 나는 찬양을 불러도 조금 빠르고 뜨겁게 부르고, 기도를 해도 큰소리로 부르짖어 기도하며, 설교를 해도 불을 토하듯 하려고 노력했다. 물론 반발도 있었다. 너무 시끄럽다는 것이다. 설교 중에 내가 잘 하는 말이 있다.

"믿으시면 아멘!"

처음엔 정말 작은 소리였다. 몇 명의 성도만이 우물쭈물하면서 겨우 뱉어 냈다.

"아멘 소리가 작습니다. 더 큰 소리로 아멘!"

나는 하나님의 말씀에 아멘으로 화답하는 것은 예배자의 본분이라고 생각한다. 현대적인 감각을 추구하는 시대에 촌스러워 보일지 모른다. 그러나 뜨거운 예배에 눈물이 있다. 생명력이 있고 결단이 있으며 주님의 만지심이 있다. 지금은 장로님이 되신 유태자 권사님의 말이 잊히지 않는다.

"예배가 사니 살맛이 나유. 가정도 편해지고 사업도 잘 돼유."

내 고향 충청도의 걸쭉한 사투리라 정겹기도 했지만 권사님의 격려한 마디가 내게는 큰 힘이 되었다. 또 매일 영양죽을 준비하고 흑삼까지 달여 새벽 예배 후 내게 주셨던 김인숙 장로님의 수고에 나는 더욱 힘을 내어 일할 수 있었다.

날이 갈수록 상계교회의 예배는 활기를 더해갔다. 상계교회에 방문하는 사람들의 입에서 "이 교회는 현관을 들어서자마자 활기가 느껴진다"는 말을 듣기 시작했다. 다니러 온 사람들이 그랬으니 예배당 안에 있는 교우들은 어땠을까? 그 열정은 5년 만에 출석 교인 450명이 2,000명으로 성장하는 큰 밑거름이 되었다.

주 예수보다 더 귀한 것은 없네

김OO 집사

나는 모든 예배에 삼십분씩 일찍 옵니다. 추우나 더우나 늘 먼저 와 앞자리에 앉아 기도로 마음을 가다듬습니다. 나의 신앙생활의 습관이며 그렇게 오는 것이 당연하다고 생각했습니다. 누구보다 예배를 사모하는 마음이 더욱 있었기 때문입니다.

그날도 어김없이 예배는 시작되었고 찬양이 끝나고 담임 목사님의 말씀이 선포되었습니다. 성경 말씀은 〈로마서〉 10장 1-15절, 믿음에 관한 말씀이었습니다. 교회에서 수많은 사역을 해도 믿음이 없다면 아무것도 아니라는 내용이었습니다. 처음에는 나와는 크게 상관없는 이야기처럼 들렸습니다. 나는 맡은 모든 사역을 믿음으로 해내고 있다고 생각했기 때문입니다. 그런데 갑자기 그날따라 담임 목사님께서 예화로 나를 지목하여 질문하셨습니다.

"김 집사님! 지역장으로 열심히 수고하고, 새벽예배도 매일 나오고, 식당봉사에 반주도 하고 있지요? 그렇게 많은 사역을 감당하고 열심히 했는데 오늘 당장 천국에 갔더니 나의 자리가 없다면 어떨 것 같나요?"

나는 순간 너무 당황해서 아무 대답을 할 수 없었습니다.

상계교회 성도의 간증은 익명으로 실었습니다.

"이렇게 열심히 사역을 감당하고 예배에도 충실했는데 내가 만약 천국에 없다면?"

한 번도 생각해 보지 못한 질문이었습니다. 아니 솔직히 말하면 천국은 당연히 가는 곳이었기에 그곳에서 받을 상급들을 생각하고 있었습니다. 그런데 그곳에 내가 없을 수도 있다니. 큰 충격이었습니다.

나는 예배 후 충격에서 헤어 나오지 못했습니다. 그 상태로 오후 시간을 보내다 저녁 예배에 참석했습니다. 그날의 찬양은 "주 예수보다 더 귀한 것은 없네"였습니다. 순간 눈물이 터져 나왔습니다. 찬양을 부르자마자 내가 예수님보다 귀하게 여겼던 것이 너무 많았음을 깨달았습니다. 오전 예배 때 담임 목사님께서 나를 지목하여 질문하신 것이 우연이 아님을 알았습니다. 예수님보다 더 중요하게 생각했던 사역들과 예수님 없는 예배를 드렸던 나의 부끄러운 모습을 회개했습니다.

"예수님, 너무 죄송해요. 예수님보다 귀한 것은 없습니다."

나는 예배 때 주시는 말씀을 로고스의 말씀으로 듣는 것에 익숙해 있었습니다. 그러나 하나님은 예배 중에 레마의 말씀으로 나의 삶을 터치하셨습니다. 하나님의 말씀은 나의 힘, 나의 생각, 나의 의지보다 강력합니다. 예배와 찬양을 인하여 예수님 앞에 이제라도 바로 서게 해주신 은혜에 너무 감사할 뿐입니다.

전도하기 가장 좋은 때

내가 부임했을 때 상계교회는 전도할 여력이 없는 교회였다. 내가 부임하기 전년인 2003년 동안 등록한 새 가족은 46명이었다. 나는 새로운 교회와 성도들과 서로 적응할 새도 없이 영혼 구원의 중요성을 강조했다. 극적으로 예수님을 믿고 구원을 경험한 나였기에 전도는 놓칠 수 없는 부분이었다. 미신과 우상숭배가 가득한 집안에서 자란 탓에 누구보다 영혼 구원의 중요성을 알았다. 교회가 존재해야 할 가장 큰 이유는 선행도, 사회 발전도 아니다. 오직 영혼 구원이다.

부임 100일 기념으로 2004년 11월 7일 "1,000명 초청 오병이어 전도 잔치"를 선포했다. 당시는 주일 예배에 600명 정도가 출석할 때였다. 예배 후 안승철 장로님이 내게 찾아왔다.

"목사님, 새가족 400명을 초청해 1,000명이 예배드리는 것이지요?"

"아닙니다. 장로님. 새가족만 1,000명입니다."

장로님은 더 이상 말씀이 없으셨다. 아마 불가능한 일이라고 생각하신 것 같았다.

전도 잔치를 앞두고 노방 전도를 시작했다. 전도지를 제작하고, 커피를 준비해 교회 뒤 중앙시장으로 나갔다. 아파트에 사시는 권사님들은 전도지를 챙겨가 집집마다 나눠 주었다. 청년들은 기타를 메고 거리에서 찬양하며 예배했다.

오병이어 전도 잔치 당일, 기적이 일어났다. 총 1,144명의 새가족이 교회로 찾아온 것이다. 아침부터 저녁까지 성도들과 새가족으로, 하나님의 영광으로 예배당이 가득 찼다. 모든 예배를 마친 후 장로님들이 목양실 앞에서 나를 기다렸다.

"솔직히 처음엔 고개를 절레절레 흔들었습니다. 죄송합니다."

"우리에게도 전도의 능력이 있었음을 이제야 깨닫습니다."

오병이어 전도 잔치는 상계교회가 전도하는 교회로 바뀌는 역사적인 날이었다. 우리도 전도할 수 있다는 자신감이 생겨났다. 또 그날 이후 교회 중직들이 나에게 리더십을 더 많이 위임하는 것을 느낄 수 있었다.

전도의 열정은 쉬이 식지 않았다. 매년 4월 말에는 새생명 전도 축제, 10월 말에는 섬김 축제를 통해 잃은 영혼을 찾으려 노력했다. 60만 명을 육박하는 노원구민들이 있는 데 1,000명의 새신자로 만족할 수 없었다. 우리 교회의 소식을 들은 지역의 다른 교회들 역시 전도의 불이 타오르기 시작했다. 상계교회가 지역 전도의 불쏘시개가 된 것이었다.

우리 교회 뒤에는 재래시장인 중앙시장이 있다. 오가는 사람들이 많은 그야말로 상계동의 핫 플레이스다. 우리는 노방 전도대를 시장의 처음과 끝에 세워 지나다니는 모든 사람에게 전도지를 나눠 주곤 했는데, 어느 날부터 사람들 손에 전도지가 한 움큼씩 쥐어져 있었다.

"안녕하세요. 예수님 믿으세요."

"여긴 어디 교회야. 아까는 순복음교회던데 여기는 상..계..구만! 어디 커피 맛이 얼마나 다른가 한번 볼까?"

"아우, 예수 안 믿는 사람은 장도 못 보겠어! 골목이 아주 예수님 이야기로 시끌시끌하네."

전도의 불이 붙은 교회들이 유동 인구가 많은 중앙시장으로 모두 몰려든 것이다. 그야 말로 중앙시장은 예수님으로 소란한 장터가 되었다.

동시에 매 년 150명 이상을 전도해 내는 류연배 장로님 같은 전도왕들도 배출되었다. 류연배 장로님은 중앙시장에서 신발 가게를 하신다. 삶의 터전이 전도의 장이 된 것이다. 장로님은 그해 이후 서울연회에서 전도왕을 12년 연속으로 수상하셨다. 장로님은 늘 이렇게 고백한다.

"저는 그 전까지 전도하라는 설교를 들어 본 적이 없습니다. 그런데 목사님께 전도라는 단어를 듣자마자 제 가슴에는 불이 붙었습니다."

전도가 쉬웠던 적은 역사상 단 한 번도 없었다. 우리의 신앙의 선배들을 보라. 전도를 위해 순교까지 하지 않았던가! 하지만 나는 믿는다. 전도하기 가장 좋은 때는 바로 지금이다.

'서울에서 무슨 노방전도가 돼?'라고 생각했다면 오늘의 상계교회는 없었을 것이다.

"전도의 미련한 것을 통해 구원하신다"는 하나님의 말씀, "성에 내 백성이 많으니 침묵하지 말라"시던 하나님의 말씀, "많은 사람을 옳은 데로 돌아오게 한 자는 하늘의 별과 같이 빛나리라"는 하나님의 말씀을 믿고 열심히 전도할 때 하나님은 일하셨다. 나는 오늘도 상계교회의 역사가 전도의 역사가 되기를 원한다.

작은 섬김이 한 가정을 회복케 하기를

김OO 권사

어느 날 버스 정류장에서 오래 전에 옆집에 살았던 이를 보았습니다. "혹시 OO엄마 아니세요?" 하고 물었는데 다른 사람이었습니다. 10년이란 세월이 지났지만 옛날에 같이 지냈던 일을 잠시 생각하다 목적지에 내렸습니다. 그런데 너무나도 신기하게 조금 전 버스 정류장에서 비슷한 사람을 보았던 진짜 OO엄마를 우연히 만나게 되었습니다. 너무 반갑고 기뻐서 어찌할 줄을 몰라 하며 그동안의 안부를 물었습니다. 나는 교회도 열심히 다니고 신앙생활하며 지냈는데 어떻게 지냈냐고 물으니, 커피숍도 운영하고 화장품 가게와 옷가게 등을 운영하면서 억척스럽게 살았다고 하였습니다. 서로 연락처를 주고받고서 다음에 만날 것을 약속하며 헤어졌습니다.

제 맘에 '이 사람은 예수님을 믿으려면 멀었구나, 나중에 전도해야겠다' 하는 생각이 들었습니다. OO엄마의 삶이 너무 바빴기 때문이었습니다. 그러던 어느 날 기도하는데 OO엄마가 떠오르기 시작했습니다. 하나님께서 그 영혼을 너무나 사랑하시고 그 영혼도 하나님을 갈망할 것이라는 생각이 가슴속 깊이 느껴졌습니다. 하나님께서는 그 영혼의 필요가 무엇인지 알게 해주시고 정말 예수님처럼 그 OO엄마를 섬기며 사랑하라는 마음을 지속적으로 저에게 주셨습니다.

그러다가 계상초등학교에서 바자회를 할 때였습니다. OO엄마에게 정보도 주고, 양주에서 살고 있는 그를 위해서 바자회 물품도 차로 옮겨 주었습니다. 우리 목장의 권사님과 함께 깨끗하고 좋은 바자회 물품도 기증하며, 물건도 같이 팔아 주고 섬겼습니다. OO엄마는 장사하느라 집에 늦게 오기 때문에 가끔 반찬을 만들어다 주기도 했습니다. 예수님의 성품으로 섬김의 본이 되라고 하신 목사님의 말씀에 순종했기 때문에 가능했던 일이었습니다.

차로 이동하면서 차안에서 이런저런 이야기를 나누게 되었습니다. 세상 사람들은 모두가 어떻게 하면 돈을 벌고 자녀들을 잘 키울 수 있을까 염려하는 이야기를 하지만, 우리는 이런 것을 생각하고 기도해야 한다는 이야기였습니다. 이 각박한 세상을 살아갈 때 우리 자녀들이 어떻게 형통한 삶을 살 수 있을까, 죄를 짓지 않고 거룩하게 살 수 있을까, 하나님의 인도함을 받으며 우리의 영이 풍요롭게 살 수 있을까 하는 것 말입니다. OO엄마는 지금까지 살아오면서 이런 이야기를 한 번도 해본 적도 없고, 해준 사람도 없었다고 하였습니다.

상계교회 전도 축제에 초청했습니다. 당일에 가게 문을 닫고 함께 교회로 향했습니다. OO엄마는 집에 돌아가서 몸과 마음이 너무 기뻤다고, 계속해서 교회는 나오고 싶은데 환경과 여건이 어려워서 어찌해야 할지 모르겠다고 고민했습니다. 하나님이 영혼을 사랑하시는 마음으로 저도 멈추지 않고 계속 주일마다 예배에 참석할 수 있도록 이끌었습니다.

영혼을 사랑하는 마음이 메말라 있던 제게 영혼의 귀중함을 깨닫게 하신 하나님께 감사합니다. 그리고 구하는 자에게 열어 주시고 찾는 차에게 찾게 해주실 것을 확실하게 믿습니다. 주님의 명령에 따라서 순종하면 열매는 하나님께서 맺으실 줄 믿으며 앞으로도 영혼 구원에 힘쓰겠습니다.

chapter 05

바울 말고 바나바

나는 공부하고 가르치는 것이 즐겁다. 아마 목회를 하지 않았다면 교수를 하지 않았을까 싶다. 사실은 교수가 되고 싶었고, 되려고 했다.

임마누엘교회에서 사역할 때 담임이시던 김국도 목사님께서 유학을 가보는 게 어떻겠냐고 물으셨다. 늘 공부에 갈망이 있었던 터라 하나님의 응답이라 여기고 유학길에 올랐다. 당시 아내는 둘째를 임신 중이어서 친정에 두고 나 혼자 미국으로 떠났다. 그렇게 즐거운 마음으로 한 학기를 신나게 공부하고 나니 한국에서 둘째 예찬이를 출산했다는 소식이 들려왔다. 나는 아내와 둘째를 보기 위해 잠시 한국으로 들어왔다. 그런데 여기서 예상치 못한 문제가 생겼다. 심사 중이던 유학 비자가 거절된 것이다.

나는 급하게 다시 비자를 신청했지만 목회자에게 비자를 잘 주지 않던 시기였기에 보기 좋게 거절당하고 말았다. 인터뷰 당시 내 앞에는 야구선수 박찬호가 있었는데 그는 'Yes'였고, 나는 'No'였다.

대혼란에 빠졌다. 집으로 가는 전철역에 하릴없이 앉아 있었다. 사역하던 교회에는 이미 후임 목회자가 들어왔고, 아내와 아이들은 대전의 처가에서 나를 기다리고 있었다. 승승장구하던 내게 처음으로 다가온 절망과 두려움의 시간이었다.

처가에 머무는 1달 반 동안 참으로 초조하고 답답했다. 장모님과 함께 대전 호렙산 기도원에 올라가 3일간 금식하며 기도했다. "하나님 앞길을 인도하여 주십시오" 하며 기도하고 내려오니 두 개의 길이 준비되어 있었다. 하나는 다시 임마누엘교회로 올라가 고등부 목사를 하는 것이었고 또 하나는 출신 교회인 대전 선화교회에서 교육 목사로 사역하는 길이었다. 다시 하나님께 기도하던 중 하나님은 나를 선화교회 교육 목사의 길로 인도하셨다. 군목에서 서울로, 서울에서 미국으로, 미국에서 대전으로 다시 돌아온 것이다.

교육 목사로 부임하고 얼마 뒤 중·고등부 겨울 수련회를 인솔하게 되었다. 우연일지 필연일지 모르겠지만 공교롭게도 수련회 장소는 아버지가 돌아가신 영암산 기도원이었다.

첫날 저녁 집회를 끝내고 기도하는데 내 입에서 끊임없는 원망과 불평이 쏟아져 나왔다.

"하나님, 저는 유학 가서 공부해 신학대학 교수가 되면 안 되는 겁니까? 공부 잘할 수 있습니다. 미국에서 누구보다 잘 해낼 수 있다구요."

유치하고 교만하기 그지없는 기도였다. 이튿날 새벽에도 똑같았다.

"왜 제 앞길을 막으시는 겁니까? 저는 이렇게 계속 부목사만 해야 합니까?"

신앙생활하는 동안 이렇게까지 하나님 앞에 대들며 기도한 적이 없었다. 그때의 나는 하나님께 거절당했다는 생각에 온전히 마음을 가누기가 힘들었다. 때마침 너무도 구슬픈 곡조의 "똑바로 보고 싶어요, 주님"이라는 복음성가가 배경 음악으로 연주되자 슬픔이 더욱 복받쳤다. 하염없이 울며 신세한탄을 하는데 하나님의 음성이 들렸다.

"왜 네가 바울이 되려고 하느냐."

나는 순간 멈칫했다. 하나님 입장에서 많은 사람이 바울이 되면 얼마나 좋은가! 그런데 왜 바울이 되려느냐 물으시니 도통 이해가 되지 않았다.

"나는 너를 지도자를 길러 내는 사람으로 쓰고 싶구나. 바울을 길러 낸 바나바가 되면 안 되겠느냐?"

그렇다. 하나님 나라에서는 모두가 사도일 수 없다. 모두 선지자일수도 교사일수도 없다. 하나님께서 각자에게 기대하시는 은사대로 행해야 하는 것이었다. 하나님이 내게 기대하신 것은 바울이 아니라 바나바였다.

그 음성은 너무나도 또렷하고 명확했다. 마치 베드로가 "너는 사람을 낚는 어부가 되어라" 하는 예수님의 음성을 들었을 때의 기분이렷다. 나는 엎드려 항복할 수밖에 없었다. 이것이 나를 지으신 하나님의 뜻이라면 인간적인 꿈은 포기하는 것이 마땅했다. 대신에 하나님께서 주신 꿈을 꾸기 시작했다. 지도자를 만드는 사람, 리더를 만드는 리더 메이커가 되리라!

리더 메이커가 나의 비전이 되었고 그 비전이 나에게 다시 열정을 불러일으켰다. 그 비전을 붙잡고 여러 날 기도하며 꿈으로 풀어냈다. 앞에서 언급한 11111이라는 비전과 꿈이 확정되는 순간이었다.

"주님! 나로 인하여 1만 가정이 구원받고, 그중에서 1천 명의 지도자가 나오며, 그중에서 100명의 글로벌 리더가 나오며, 그중 10명의 영적 거장이, 그리고 1명의 노벨평화상 수상자가 나오게 하옵소서!"

사람을 키우는 일

유명 기업의 광고처럼 사람이 미래다. 교회의 사명은 사람을 키우는 일이다. 양육은 부모가 갓난아이를 건강하게 키우고 몸과 마음이 온전하게 성장하도록 돕는 것이다.

큰 아이를 임신했을 때가 기억이 난다. 아이를 가진 줄 모르고 온 가족이 구충제를 먹었다. 나중에 임신 사실을 알고 놀라서 산부인과에 갔더니 의사가 "100% 기형아입니다. 유산하십시오"라고 선고했다. 실수 아닌 실수에 자책하며 아내와 나는 정말 괴로웠다. 당시 목회하던 75연대 은하교회의 전임 목사님은 교통사고로, 사모님은 뇌암으로 돌아가셔서 선교의 문이 닫힐 지경이었다. 이런 와중에 우리 가정까지 문제가 생긴 것이다. 그러나 아내는 기도 후 "어떤 아이라도 출산하겠어요"라고 결단했다.

시간이 지나 다시 한 번 검사를 받으러 산부인과로 가는 길에 아내는 전도지 한 장을 받았다. 어느 교인의 간증이 적힌 전도지였다. 까무러칠 정도로 신기한 일이었다. 간증 내용이 우리의 상황과 똑같은 것이었다. 부인이 임신 중 구충제를 먹었고, 기형아 선고를 받았다. 그러나 하나님이 주신 아이이기에 어떤 아이든 개의치 않겠다고 결단했고, 열 달 후 부부는 건강한 아이를 품에 안았다는 내용이었다.

전도지를 통해 아내는 더욱 마음을 굳게 다잡고 아이를 위해 기도했다. 하나님은 우리의 기도를 들어주셨다. 누구보다 건강한 아이를 주신 것이다. 하나님이 우리에게 보이신 기적이었다.

이렇듯 아이를 건강하게 출산하는 일은 쉬운 일이 아니다. 하물며 훌륭한 사람으로 키워 내려면 얼마나 많은 정성을 기울이고 기도를 해야 하겠는가.

교회도 마찬가지다. 하나님의 자녀들을 말씀으로 살찌우고 기도로 길러 내야 한다. 그냥 훌륭한 사람으로 키우는 것을 넘어서 그리스도의 제자로까지 키워 내야 한다. 아무리 설교와 예배 프로그램이 좋아도 양육이 없는 교회는 성장하지 않는다.

내가 양육에서 중요하게 생각하는 몇 가지가 있다.

가장 먼저는 양육의 목적이다. 대부분의 양육반은 지식 전달 위주다. 그러나 나는 양육반의 목적을 성도간의 교제와 삶의 적용에 둔다. 학교 갈 때 친구들과의 만남을 기대하듯이 성도 사이에 친밀함이 있어야 양육 시간이 즐거워진다. 현대의 많은 교인이 선데이 크리스천이 되는 이유에는 성도의 교제가 없음도 한몫한다. 어느 누가 아는 사람 없는 곳에서 멀뚱히 있고 싶겠는가.

또 배운 말씀을 삶에 적용하는 것도 양육의 목적이다. 그래야 조금이라도 성경적인 삶을 향해 나아갈 수 있다. 아무리 많이 알아도 적용하지 않으면 도리어 비판적인 사람이 된다. 적용하기 위해선 내 입으로 끊임없이 이야기해야 한다. 다음에도 또 이야기하려면 말씀대로 살아 봐야 한다. 말해야 남는다. 서로 나누고 말해야 교정과 격려와 칭찬이 가능하다.

또 하나 숨겨진 양육의 목적은 리더십 훈련이다. 어떤 양육반이든 매 기마다 기장을 뽑고, 조장을 세운다. 리더라고 해서 많은 일을 하진 않는다. 간식과 식사를 준비하고, 애경사를 챙기고 주중에 배운 것을 나누는 정도다. 그러나 그 과정에서 서서히 그들은 교회 리더로 서게 되고 양육반이 끝난 후에도 교회 안에서 중요한 리더로 사명을 감당하게 된다.

양육반이 끝난 후엔 교회 사역, 소그룹과의 연결이 중요하다. 절대로 양육반은 공부로만 끝내서는 안 된다. 교회 사역과 연결해 주어야 양육의 열매를 거둘 수 있고, 소그룹과 연결해 주어야 그 안에서 영향력을 끼치며 교회 부흥을 선도하는 이들이 된다.

성도는 선수다

상계교회에 부임하여 가장 먼저 진행한 양육 프로그램은 제자 양육반이었다. 40명이 12주간 매주 목요일 낮과 저녁으로 나누어 모였다. 두란노에서 나온 《일대일 제자양육》을 교재로 삼아 기초부터 세상에서 왕 같은 제사장으로서의 삶까지 가르쳤다. 특별히 1기 출신 남자 권사님이 생각난다. 오랜 시간 교회를 다녔지만 신앙생활에 열심인 부인의 남편으로만 다녔을 뿐 하나님과의 인격적인 만남이 없었다고 고백하신 분이었다. 그러나 12주 마지막 날 모두 앞에서 이제는 술과 담배를 끊고 사역자로 거듭나겠다고 선포했다. 이 권사님을 비롯하여 그때 수료한 40명은 여전히 교회를 위해 사역하는 든든한 예수님의 제자가 되었다.

목회는 목사 혼자 이끌고 가는 쇼가 아니다. 성도가 목사의 목회를 도와주는 것은 더더욱 아니다. 성도는 선수다. 각자가 하나님의 거룩한 제사장이 되어 사역해야 한다. 양육은 이러한 사역자의 마음을 심어 주는 일이다.

평신도 사역은 자기 은사대로 하는 것이 중요하다. 자신의 은사가 무엇인지 이미 아는 사람도 있지만 미처 발견하지 못한 사람들도 있다. 이때 교회의 양육 프로그램은 자신의 은사를 발견하게 되는 좋은 기회가 된다.

처음 상계교회에 왔을 때 대부분의 장로님들은 재무부 소속이었다. 나는 장로님들을 사역의 현장으로 흩었다. 주차를 잘하시는 분은 주차위원으로, 가르치는 것을 잘하는 분은 교사로 임명했다. 물고기가 물을 만나면 활기차게 헤엄치듯이, 각자가 좋아하고 잘하는 분야에 있으면 저절로 신이 난다. 해야 하는 일이 아니라 하고 싶은 일이 되는 것이다. 또 각 담당부서 부장의 명칭을 사역위원장으로 바꿨다. 이름에서부터 사역자의 마인드를 심은 것이다. 이것이 가능하게 된 것은 모두 제자반 덕분이었다.

새가족반의 감동

상계교회에서 진행한 두 번째 양육 프로그램은 새가족반이다. 전도 잔치가 끝난 후 가장 많이 하는 고민은 한 번 왔던 사람을 어떻게 예수님과 지속적으로 만나게 할 것인가에 관한 것이다. 전도 잔치를 통해 교회에 발을 들이기는 했지만 구원의 확신이 없는 신앙생활을 하게 된다면 큰 문제다. 그래서 나는 오병이어 전도 잔치 후 새가족반을 만들었다.

새가족반이란 세례를 받기 원하거나 타 교회에서 옮겨온 새가족들을 대상으로 하는 교육이다. 이 양육반의 강의만큼은 아무리 바빠도 내가 직접 한다. 신앙의 기초를 다지고 교회의 비전을 공유하는 매우 중요한 시간이기 때문이다. 또 이 과정을 필히 수료해야 세례를 받을 수 있으며 이명자들도 반드시 수료해야 직분자로 세워질 수 있다.

새가족반은 4주에 걸쳐 교육을 진행한다. 1주의 주제는 신앙의 출발이다. 죄와 하나님의 사랑, 회개, 신앙, 중생, 구원의 확신, 그리스도의 생활에 대해 알려 준다. 2주는 성장과 생활이다. 성장, 성경, 하나님, 예수 그리스도, 성령에 대해 알려 준다. 3주는 교회 생활이다. 특별히 감리교인으로서 지켜야 하는 생활들을 알려 준다. 4주는 경건과 헌신이다. 그리스도인의 신분과 행실, 승리의 생활, 헌신의 동기, 방법, 결심, 보상에 대해 알려 준다.

이렇게 4주에 걸친 교육은 주일 저녁 예배 때 거룩하고 풍성한 세례식과 수료식으로 마무리한다. 이날은 많은 간증과 헌신의 다짐들이 있는 큰 축제일이다.

많은 간증이 기억에 남지만 한 청년을 잊을 수 없다. 조용히 4주의 교육을 마친 그에게 저녁 예배 때 간증을 하는 것이 어떻겠냐고 물었다. 교육 내내 튀지 않았던 그였지만 이상하게 마음이 쓰였고 그의 이야기가 듣고 싶었다. 그리고 저녁 예배 때 아주 놀라운 이야기를 듣게 되었다.

어려서부터 가난으로 인해 부모와 헤어지고 외할머니와 살던 그는 할머니를 따라 교회를 다니곤 했었다. 외로움과 그리움으로 얼룩져 있던 시절 "하나님, 엄마랑 같이 살게 해주세요!"라고 항상 기도했다. 사춘기 때에는 축구를 하며 외로움을 달래곤 했는데 그것마저 부상으로 더 이상 하지 못하게 되었다. 그래서 그가 결국 찾아간 곳이 인생의 막장이라고 불리는 조직 폭력배 집단이었다. 매일 술과 담배, 향락에 찌들어 산 죄와 어둠의 시간이었다. 그러나 죄책감에 시달렸고, 어린 시절 교회에서 기도하며 찬송했던 일들이 생각나 괴롭기가 그지없었다.

그렇게 살던 어느 날 상계교회 앞 횡단보도에서 피눈물을 흘리시며 온몸에 살점들이 다 터지고 찢겨져 다가오시는 예수님을 만났다. 그리고 그 예수님은 그에게 자신의 살점을 떼어 주시며 "아들아 받아라, 이것이 너의 기도다"라고 말씀하셨다. 그는 그 순간 그 자리에서 실성한 사람처럼 쓰러져 몸을 비틀었고 눈물이 멈추지 않았다. 그리고 찾아온 곳이 상계교회였다.

그는 새가족반 강의를 통해 자신의 인생길에 하나님이 동행하셨고, 순간마다 돌이켜 회개하며 돌아오기를 원하셨던 주님의 마음을 깨달았다고 고백했다. 그리고 감사하게도 새가족반을 시작한 후 "하나님, 엄마랑 같이 살게 해주세요"라는 기도가 응답되어 지금은 함께 살고 있다고 말했다. 특별히 새가족을 위한 말씀인지라 여느 설교보다 쉬웠던 강의가 그에게 큰 도움이 되었다며 감사로 간증을 마쳤다.

그의 간증이 끝나고 예배당은 눈물범벅이 되었다. 신앙생활의 경력이 오래된 사람도, 오늘 세례를 받기 위해 준비하고 있던 사람도 자신을 찾아오신 예수님을 다시 한 번 기억하는 시간이었다.

이렇듯 새가족반의 마지막 날은 새신자뿐만 아니라 기존의 성도들에게도 큰 감동이 된다. 하나님과의 첫사랑을 다시 떠올리는 귀중한 시간이 되는 것이다. 또 세례를 받고 교육을 수료한 사람들을 진정으로 상계교회의 일원으로 맞이하면서 풍성한 축제가 된다.

이러한 두 가지 교육을 근간으로 은사 발견 사역, 제자의 삶, 군사의 삶, 전인 치유 학교, 번영 학교, 비전 스쿨, 부부 성장 학교, 싱글생글 데이트 학교, 하이맘 스쿨 등 각종 양육 프로그램을 만들어 성숙한 성도로 자라가도록 돕고 있다.

많은 사람이 "어떻게 이렇게 크지 않은 교회에서 수많은 사람을 상대하는 일들을 진행할 수 있습니까?"라고 질문하곤 한다. 그때마다 나는 자신 있게 대답한다.

"상계교회 교인 모두가 사역자이기 때문입니다."

> [11]그가 어떤 사람은 사도로, 어떤 사람은 선지자로, 어떤 사람은 복음 전하는 자로, 어떤 사람은 목사와 교사로 삼으셨으니 [12]이는 성도를 온전하게 하여 봉사의 일을 하게 하며 그리스도의 몸을 세우려 하심이라
>
> _에베소서 4:11-12

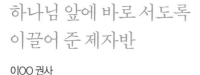

하나님 앞에 바로 서도록
이끌어 준 제자반

이○○ 권사

저는 모태신앙입니다. 강한 체험이 있는 믿음은 아니었지만 한 번도 교회를 벗어나서 생활한 적은 없었습니다. 2014년 여름, 제 인생과 신앙생활에 큰 영향을 준 일이 시작됐습니다.

저는 다시 안정적인 직업을 갖기까지 5-6년 동안 물질로 인해 힘든 시간을 보냈고, 장애가 있는 자녀를 양육하는 것 또한 너무나 버거웠습니다. 아이가 중3이 되던 때 우울감이 심해져 우울증 약을 먹기 시작했고, 생활을 제대로 할 수 없는 지경이 되었습니다. 예배를 드려도 설교가 귀에 들리지 않았고 기도하기도 힘들 만큼 무기력했습니다.

그러던 중 교회에서 제자반(담임 목사님께서 직접 양육해 주시는 제자 수업반)을 시작한다는 소식을 들었습니다. 더 이상 이대로 지낼 수 없다는 생각과 주님 앞으로 나아가야겠다는 절실한 마음으로 제자반에 참여했습니다. 예수님의 제자된 삶을 배우고 나누는 가운데 제자반 한 사람 한 사람에게 역사하신 하나님의 은혜를 나누게 되었습니다. 매 시간마다 눈물을 흘리며 기도할 때 너무나도 무거웠던 저의 마음이 녹아지며 치유되는 은혜를 경험하게 됐습니다.

그 후 설교 말씀이 들리기 시작했습니다. 정말 놀라운 일은 말씀이 마음에 뜨겁게 새겨지는 은혜의 예배를 드렸다는 것입니다. 눈물과 함께 회개의 기도가 나오기 시작했습니다. 주권자이신 하나님을 온전히 믿지 못하고 나약해진 믿음으로 하나님과 사람 앞에 교만하였음을 고백하게 하시고, 내의지와 감정대로 살면서 마치 하나님께 모든 것을 맡기는 척하며 살았던 어리석은 모습을 깨닫게 되었습니다.

한 동안 눈물로 예배를 드렸습니다. 얼마 후 마음이 가벼워지며 평안이 찾아오고 더 이상 우울증 약을 먹지 않아도 되었습니다. 할렐루야!

그 후 오르간을 더 공부하려고 마음먹고 레슨 선생님과 학교를 알아보는데, 담임 목사님께서 다윗세대 찬양대(전 보아스찬양대)의 지휘를 준비하라고 하셨습니다. 준비되지 않았다는 마음과 사람들 앞에 서야 한다는 부담감으로 몇 번을 거절했습니다. 그러다가 예배를 드리면서 순종해야겠다는 마음을 가지게 되어 결국 지휘자로 서게 됐습니다. 점점 시간이 지날수록 하나님의 섭리를 깨닫습니다. 찬양을 통하여 주님을 바라보게 하시고, 은혜를 알게 하시고, 믿음을 굳건하게 해주시며, 사람들과 연합하여 이루는 일을 배우게 하셨습니다. 연합한다는 것이 그 전에는 이렇게 행복한 일인 줄 몰랐습니다.

지금은 소망으로 가득합니다. 주님이 세우신 교회를 섬기는 일에 전심을 다해 연합하고, 저와 같은 어려움을 겪는 사람들을 품고 세우는 일에 동참할 것입니다. 이렇게 세워 주신 예수님께 감사드립니다.

도전하도록 용기를 준
번영학교

김OO 장로

남성들 중심으로 2007년에 시작한 번영학교의 첫 분위기는 어색함 그 자체였습니다. 워낙 웃음이 없는 남성들이 모여서 그런지 분위기가 유연해지기까지 시간이 걸렸습니다.

번영학교에 참석한 사람들의 사연은 참 다양합니다. 사업에 실패하여 자신감이 상실된 사람부터, 새로운 사업을 구상하거나 갈등하고 있는 사람, 마음을 새롭게 하고자 하는 사람이 모였습니다. 결단하고 나오기까지가 힘들었지 한 주 한 주 강의를 들으며 우리는 마음과 생각이 변화되는 것을 느꼈습니다.

나는 가장으로, 아버지로, 집안의 생계를 책임지기 위해 돈을 번다고 생각했습니다. 내게 주어진 물질은 하나님께서 허락하신 것이기에 늘 감사하는 마음으로 살긴 했지만, 내가 여유가 있을 때에만 그렇게 여겨졌습니다. 때때로 물질은 나의 삶을 자유롭게 하지 못하는 족쇄처럼 느껴지기도 했습니다. 그러나 첫 시간에 들은 "나의 존재는 무엇인가?"라는 질문에 답을 하면서 생각이 변했습니다. 나는 돈의 논리에 휘둘리는 자가 아니라 다스리는 자가 되어야 함을, 나의 은사를 통해 돈을 벌어야 하고 그렇기 때문에 돈을 버는 곳이 선교터가 되어야 함을 알았습니다. 올바른 물질관으로 청지기 역할을 하며 위치한 자리에서 형통을 빚어내는 삶을 살아야 한다는 것을 배웠습니다.

목표 정하기, 기도하기 등 각 주마다 다른 주제로 담임 목사님은 열정적으로 강의하셨습니다. 각자의 사업과 하고 있는 일에 확신과 목표를 제시해 주셨던 것입니다.

당시 나도 직장을 옮겨야 하는 상황에 있었습니다. 많은 고민을 하며 강의를 들으며 목사님과 잠시 면담을 했습니다. 목사님은 바쁘신 와중에 시간을 내주셔서 나의 곤란한 처지를 듣고 세심하게 조언해 주셨습니다. 그후 나는 도전하기로 결단하고 새로운 사업체로 옮기게 되었습니다.

그것이 계기가 되어 나는 지금 안정적인 직장에서·중직의 자리에 있습니다. 당시 번영학교의 도움과 담임 목사님의 조언이 아니었다면 감히 결단할 수 없었을 것입니다.

그 후 나는 지금까지 번영학교 스태프로 섬기며, 첫날과 마지막 날 담임 목사님께서 해주시는 강의 시간 외에 모든 강의를 진행하고 있습니다. 그리고 나와 같이 고민하고 용기가 필요한 성도들에게 또 다른 힘과 결단이 되어주고 있습니다.

chapter 06

교회 안의 작은 교회

사람들은 모이기를 좋아한다. 에덴동산에서 하나님이 아담에게 "혼자 사는 것이 좋지 아니하니"라고 말씀하시고 하와를 만드셨던 하나님의 창조 섭리 때문이다. 신약의 예수님도 제자들을 꼭 둘씩 짝지어 내보내셨다. 이렇게 사람들이 하나둘씩 무리를 지어 형성한 '사회'에서 가장 자연스러운 형태의 모임은 '소그룹'이다.

우리는 일상에서 다양한 형태의 소그룹을 만날 수 있다. 등산, 자전거, 요리와 같은 취미 모임과 대학생, 취업 준비생들이 많이 하는 스터디 역시 소그룹의 한 형태다. 교회 안에도 소그룹이 있는데 그중 하나가 바로 속회다.

　나는 교회 안의 작은 교회라는 말을 좋아한다. 이는 감리교의 창시자 웨슬리가 속회를 이르던 말이다. 속회란 말 그대로 '속(屬), 엮다 붙이다'와 '회(會), 모임'이란 뜻이다. 한마디로 하나님께 속하고 교회에 속한 거룩한 모임이다. 그런데 왜 웨슬리는 이러한 속회를 교회 안의 작은 교회라고 불렀을까?

　사람들은 교회에 그냥 오지 않는다. 늘 어떤 것들을 교회에 기대한다. 또 교회가 응당 해야 하는 많은 것이 있다. 앞서 말한 예배, 비전 터치, 전도, 양육 등이 그것이다. 그런데 교회가 점점 커져 목회자가 만나야 할 성도들의 수가 많아지면서 세심한 부분까지 닿을 수가 없게 되었다. 이때 속회가 교회의 역할을 하는 것이다. 교회 안의 작은 교회로서 사람들과 함께 예배하고 교회의 비전을 공유하며, 전도하고 양육하는 것이다. 아무리 전도해도 속회에서 새가족을 정착시키지 못하면 교회는 성장하지 못한다.

목장으로 리메이크하다

　내가 부임했을 당시 상계교회에도 속회가 있었다. 그런데 참여하는 사람의 대부분은 노인과 여성이었다. 속회는 평일 오후 시간이 자유로운 사람들만 참석한다는 인식이 팽배해 있었다. 나는 소그룹 개혁을 위해 여러 날을 기도하고 고민하다가 몇 가지 아이디어를 얻었다.

가장 먼저 속회의 이름을 목장으로 바꾸었다. 속회라는 이름이 어려워서이기도 했지만 이름을 바꿔야 변화를 실감할 수 있다고 생각했다. 또 목장이라는 단어에는 생동감이 있다. 목장은 목자가 푸른 풀밭으로 자신의 양을 인도하고, 양들은 먹고 살찌고 뛰노는 공간이다. 나는 목장이 친교 모임 이상으로 돌봄받고 길러져서 사역하는 공간이 되길 원했다. 더 나아가 목장 예배라고 부르지 않고 목장 집회라고 불렀다. 작은 부흥회를 연상시키기 위해서였다. 또 공과를 가르치는 모임이 아니라 주일 설교를 나누는 형식으로 바꿨다.

진행 방법도 역삼각형의 형태로 변화를 주었다. 대부분의 소그룹 예배는 모이면 찬송하고 말씀을 나누고 헌금하고 행정 처리를 하고 주기도문으로 마친다. 그 후 차를 마시며 담소를 나누는데, 그때 간증보다는 사담이나 정치 이야기를 하다 마음이 상하고 은혜가 사라져서 집에 돌아간다. 한마디로 끝이 씁쓸한 것이다. 나는 이 순서를 바꾸었다. 먼저 한 주간 살아온 이야기를 나눈 후 예배를 드리면 은혜를 받고 집으로 돌아가게 된다. 그러니 다음 주에 또 오고 싶지 않겠는가!

기도 사역에도 중점을 두었다. 각자의 기도 제목으로 서로를 위해 기도하고, 교회와 나라를 위해 통성으로 기도하는 시간을 많이 갖게 했다. 기도하니 많은 간증이 생기고, 기도하니 스스로 치유를 경험하고, 기도하니 본인도 모르는 사이 '작은 교회'가 지어지는 것이다.

나는 목장 집회를 꼭 집에서 드려야 한다고 강조했다. 자기 삶의 모습이 드러나도록 집을 내어 보이는 것은 결코 쉬운 일이 아니다. 그렇지만 나는 그에 따른 축복과 은혜가 얼마나 클 것인지를 기대했다. 처음이 어렵지 한 번 열리기 시작하면 다음 사람은 더욱 수월해지며 관계도 깊어진다.

결정적으로 부부 목장을 만들어 남성들을 소그룹에 참여하도록 했다. 남성들의 반응은 이랬다.

"직장 다니는 남자들이 시간 내기가 여간 어려운 게 아닙니다."

"토요일에도 늘 약속이 있어요."

초기 목장은 목장원들은 많았지만 실제로 집회에 참석하는 가정은 많지 않아 목자(소그룹장)들이 애를 많이 썼다. 목자 가정과 예비목자 가정, 네 명이서 드리는 예배가 허다했다. 그래서 다행스럽게도(?) 어느 한 가정도 빠질 수가 없었다. 두 가정 중 한 가정이 불참하면 목장 집회는 의미가 없기 때문이다. 그러나 그렇게 모였어도 모이기만 하면 뜨겁게 찬송하고, 말씀을 나누고, 집회처럼 기도했다.

대다수의 성도가 모이는 것을 불편하고 어색해했지만, 오순절 마가의 다락방을 꿈꾸는 목자들이 있었다. 어떻게든 성도들을 진정한 목장 식구로 만들려는 눈물겨운 노력이 있었다.

정효남 장로님 목장은 중년 부부 중심의 목장이었다. 맞벌이 부부가 많아 평일에는 거의 모일 수가 없었다. 어떻게 해야 하나 고민한 끝에 주일 예배 후를 노렸다. 주일 예배는 웬만해선 잘 빠지지 않으며 온 가족이 함께 예배를 드리러 오기 때문이다. 주일 10시 예배가 끝나면 모두 교회 앞에서 모인다. 그리고 함께 목장원의 집으로 가는 것이다. 그렇게 모이면 3-40분간 뜨겁게 찬송가를 부르고 말씀을 전한 후 기도에 힘썼다.

"내가 장로라 그런지 우리 목장에서 두 명의 장로가 배출됐습니다!"

목장 집회의 뜨거운 기도와 찬양은 상처입고, 영적으로 침체된 기존 성도를 다시 일으키는 계기가 되었다. 주일 예배만으로는 영적인 목마름이 채워지지 않았던 성도들이 넘치는 생수의 맛을 알게 된 것이다. 목장은 더 이상 남는 시간에 드리는 모임이 아니었다. 사모하며 어떻게든 참여하고 싶은 작은 부흥회가 되었다.

목장의 최종 목적

나는 교인들은 사역을 해야 행복하다는 소신을 갖고 있다. 교회에 오래 다닌 교인이라면 더욱 그렇다. 그렇다면 어떻게 해야 모든 사람을 사역에 참여하게 할 수 있을까? 그 시작점 역시 목장이다. 목장 모임이 집회가 되면서 아이스 브레이크, 찬양, 말씀, 기도, 나눔 등의 순서가 생겼다. 이때 목장원들이 하나씩 순서를 맡아 진행하는 것이다. 처음에는 어색하고 어렵지만 하면 할수록 용기를 얻는다. 이렇게 6개월 내지 1년을 진행하면 목장원 대부분이 소그룹 리더로서도 손색이 없을 정도로 성장한다.

여기서 목장의 최종 목적이 드러난다. 목장의 최종 목적은 재생산이다. 모든 목장원을 리더로 양육하여 그들로 하여금 또 다른 목장을 만들도록 하는 데 있다. 그래서 목장은 철저히 사역적이고 전도적인 모임이 되도록 해야 한다. 그리고 배가한 목장 중심으로 교회 조직을 엮어나가면 매우 역동적인 교회로 재탄생하게 된다.

2005년, 서서히 상계교회 목장 스타들이 나오기 시작했다. 한 해에 두 세 목장씩 분목(목장을 나누는 일)하는 축복이 일어난 것이다.

이동훈 권사님(현재는 장로) 목장은 새가족이 잘 정착하여 많은 분목이 일어난 사례다. 분목에 분목이 꼬리를 물고 이어지는 엄청난 일들이 일어났다. 연말이 되면 분목한 목장들이 모여 연합 목장 축제를 벌일 정도였다. 그 비결은 다른 것이 아니다. '마중지봉'(麻中之蓬: 구부러진 쑥도 삼밭에 나면 저절로 꼿꼿하게 자라듯이, 좋은 벗과 사귀면 저절로 좋은 사람이 된다는 뜻)이라는 말처럼, 가족같이 따뜻한 목장을 경험한 덕에 분목해서도 저절로 그 분위기와 섬김을 닮게 되었던 것이다.

처음 교회에 나온 사람들이 한꺼번에 많은 사람을 대면하게 되면 더욱 낯설어 교회를 떠나곤 한다. 대다수의 새가족이 겪는 어려움은 '어색함'이다. 이것을 극복하게 만드는 것이 목장이다. 목장은 자연스럽게 몇몇의 사람과 관계를 맺을 수 있는 최적의 장소다. 이런 관점에서 새가족들에게 특화되어 있는 목장이 있다는 것은 참 감사하고도 귀한 일이다.

이동훈 권사님 목장의 특징 중 하나는 목장 집회 때마다 이름을 붙이는 것이다. '아무개 권사 승진 축하 목장 집회' 같이 말이다. 교회를 다니기는 하는데 아직 목장 참여까지는 마음이 열리지 않은 사람들이 있다. 목장원들이 전도해서 교회로 데려오기는 했는데, 목장에는 참석하기 싫어하는 경우다. 이런 사람들을 위해서 특별 목장 집회는 참 좋은 아이디어다. 경사에 함께 기뻐하고 떡을 나누려는 한국인의 귀한 성품은 이러한 예배를 그냥 지나칠 수 없게 만들기 때문이다.

또 김준범 권사님(현재는 장로) 목장은 학부모들을 전도해 부흥한 목장이다. 늘 아이들로 북적북적하다. 초보 목자에게 어린아이가 많은 것은 부담이었을 것이다. 아이들이 떠드는 소리에도 개의치 않고 목장에 집중하는 것은 쉬운 일이 아니다. 어느 날은 말씀을 나누고 한참 기도하고 있는데 "으악" 하는 비명소리가 들렸다. 놀라서 눈을 번쩍 떠보니 아이들이 뛰어다니다가 어느 성도님의 치마에 커피를 쏟은 것이다. 일어나서 닦을 걸 드려야 하나 순간 고민했지만, 꿋꿋하게 끝까지 기도를 마쳤다. 목장이 부흥하여 분목이 결정되자 아이들이 가장 서운해했다. 대성통곡하는 아이들도 있었다. 목장 집회는 아이들도 기다리는 모임이 되었던 것이다.

> 이는 성도를 온전하게 하여 봉사의 일을 하게 하며 그리스도의 몸을 세우려 하심이라
>
> _에베소서 4:12

목장은 성도를 온전하게 하여 봉사의 일을 하게 하며, 그리스도의 몸

을 세우게 한다. 목장 안에서 각기 다른 신앙의 모습들, 특히 목자를 통해 보는 그리스도 안에서의 바른 삶의 모습은 우리로 하여금 그와 같은 삶을 살고 싶게 만든다. 또 각자 작은 일부터 맡아서 하면서 교회에 대한 애착도를 높인다. 사역을 통해 공동체 의식을 고양시키는 것이다. 결국에 이러한 것들은 교회를 움직이는 힘이 된다.

상계교회 부흥의 핵이 목장이라고 단언할 수 있다. 목장이 없었다면 지금 우리 교회가 하고 있는 많은 사역을 감당하기 어려웠을 것이다. 나는 설교 때마다 목자들에게 외쳤다.

"당신은 작은 교회의 목회자입니다. 당신은 우리 교회에서 가장 중요한 사람입니다."

이런 과정들을 거쳐 목장은 새가족이 정착하는 둥지가 되어주었으며, 전도 잔치나 교회 행사의 재생산 역할을 해주었다. 목장 지도자인 목자와 예비목자는 교회의 기둥이 되었다. 주님 나라 가는 날까지 120목장을 만들고 가겠다는 꿈은 상계교회의 꿈을 더 풍성하게 해주었다.

우연히 참석한 동료의 승진 기념 목장 예배

조OO 권사

믿지 않는 가정에서 기독교에 대해 전혀 모르고 지내다가 직장 동료의 전도로 처음 교회에 출석하게 되었습니다. 당시에 예배나 말씀보다는 삼겹살을 대접하겠다는 유혹에 더 끌려 출석했던 것이 기억납니다.

2005년, 딸이 고등학교에 진학하는데 부모로서 어떤 일을 해야 될까 고민하던 중 불현듯 딸의 장래 문제에 대하여 기도하고 싶다는 생각이 들었습니다. 그래서 남편에게 교회를 가고 싶다고 얘기했습니다. 그때 남편은 평신도로 다른 교회에 주일 예배를 참석하고 있었고, 딸도 성장 과정에 종교 생활이 도움이 될 것이라 믿고 교회를 다니게 했습니다. 그런 와중에 교회를 가겠다고 먼저 말하니 남편도 무척 반가워했습니다.

전도 축제 때 갔던 상계교회를 떠올리며 이왕이면 동료가 있는 교회에 남편도 딸도 같이 다니자고 했습니다. 교회 생활에 적응을 못할까 싶었기 때문입니다.

그런 염려를 안고 교회에 등록하였는데, 제가 한 번도 경험하지 못한 목장 예배를 통해 저는 순조롭게 교회에 정착하게 되었습니다. 우연히 동료 집사의 승진 기념 목장 예배에 참석하게 되면서 목자로부터 목장 예배 참석을 계속 권유받았고, 그 이후 저도 모르게 금요일 저녁이면 발길을 목장 예배를 드리는 가정으로 향하게 되었습니다.

목장 식구들은 한결같이 반갑게 맞아 주었으며, 믿음 안에서 하나되기 위하여 많은 노력을 하였습니다. 특히 첫 목장 예배 때 어느 집사님께서 선물하신 성경책은 너무나 고마웠습니다. 성경에 대해서 잘 알지도 못했지만 성경을 선물로 받은 기분은 뭔지 모르게 나를 기쁘게 했습니다. 목자의 권면하는 말씀이나 목장 식구들과의 친교가 좋아 새로운 가족이 생긴 것처럼 기쁜 마음으로 예배에 참석하게 되었습니다.

한번은 목장 별 찬송 경연 대회가 있었는데, 잘 모르지만 따라 부르기만 해도 정말 기뻤습니다. 또 교구 헌신 예배 때 앞에 나가 반짝이를 흔들었을 땐 부끄럽기도 했지만 무척 행복했습니다.

제가 교회 생활을 이어가게 한 또 다른 힘은 담임 목사님의 설교 말씀 때문입니다. 담임 목사님의 말씀은 하나님의 말씀 선포이면서도 사회생활을 바르게 살아가게 하며, 삶을 정화시켜 주는 말씀이라고 생각합니다.

지금은 그저 교회에 나오는 것이 즐겁습니다. 나도 모르게 찬송가가 입속에서 흥얼거려지는 것은 믿음의 씨앗이 자라고 있다는 증거겠지요. 함께 믿음을 키워 가고 이끌어 주는 목장 가족과 때마다 귀한 말씀을 먹여 주시는 담임 목사님과 상계교회가 있어 참 감사합니다.

Part 2
비전교회의
힘과 도전이
되다

교회부흥세미나 이야기

chapter 01

새해 손님 맞이

해가 바뀌는 것은 늘 설렌다. 한 살 더 먹는다고 생각하면 가는 세월이 야속하기도 하지만, 1월 1일이 되면 그 전의 실수들은 모두 지워지고 새롭게 시작하는 기분이 든다. 새해, 몇 가지의 결심을 했다. 하루에 1시간 이상 운동을 할 것, 3개월에 1주일은 휴가를 가질 것, 성경을 10독 이상 할 것 등등이다.

새롭게 시작한 날짜 앞에 덤덤한 모습을 보이는 것은 조금 슬픈 일이다. 더군다나 새해가 되었지만 딱히 하고 싶은 것이 없다는 것은 정말슬프다. 흥분하며 새날을 기대해 본들 오늘과 내일이 별반 다르지 않을 거라는 생각 때문일 것이다.

미국의 유명한 설교자인 A. W. 토저는 똑같은 일이 계속 반복되는 일상화(routine)는 시간이 지나면 판에 박힌 습관, 관례(rut)가 되고 그것이 더 지나면 부패(rot)가 된다고 말했다. 기대 없는 삶은 우리를 썩게 만든다. 하나님은 우리가 과거에 매여 있길 원하지 않으신다. 어제와 같은 오늘을 살길 원하지 않으신다. 늘 우리에게 새로운 피조물이라고 말씀하신다.

우리 교회의 새해는 남들보다 조금 요란하다. 송구영신 예배가 끝나고 가장 많이 듣는 질문은 "올해는 언제 오시나요?"이다. 성도들 모두가 새 날과 함께 손님 맞을 준비를 한다.

본당 의자를 모두 뒤로 밀고 바닥을 닦는다. 계단, 복도, 화장실 등 교회의 모든 공간을 구석구석 쓸고 닦는다. 모든 장소에서 식사를 할 수 있을 정도로 치우고 또 치운다. 이 모든 일을 성도들이 기꺼이 자진하여 한다. 얼마나 중요한 손님이기에 이렇게 모두가 기대할까? 그들은 바로 한국 교회를 사랑하고 한국 교회를 위해 힘쓰는 비전교회(미자립교회) 목사님들이다.

비전교회의 현실

'작은교회살리기 운동본부'는 국내 5만여 교회 가운데 80퍼센트가 비전교회라고 추정한다. 특히 농어촌과 산간 마을은 목회자의 능력과 관계없이 자립하기가 참 어렵다. 도시화로 인한 이농 현상은 농촌 교회를 피폐하게 만들었다. 또 도시에서는 개척 후 자립이 이루어지지 않아 침체된 교회들이 있다. 교인도 몇 되지 않은 상태로 계속 담임자가 바뀌고, 재정적 어려움으로 교회를 이전하거나 심지어는 폐쇄하는 경우도 보게 된다.

비전교회 목회자들은 재정적 압박과 함께 부족한 인적 자원으로 고심한다. 함께 할 교역자가 없는 상황에서 담임 목회자는 과도한 목회적 부담을 안을 수밖에 없다. 또한 일인다역을 해내야 하는 비전교회의 담임 목회자는 성경 묵상 시간이 상대적으로 부족하고, 이는 설교의 질적 저하로 이어진다. 설교가 은혜를 끼치지 못하면 결국 사람들은 그 교회를 떠나게 되고 헌금도 자연 줄어든다. 재정적 압박이 점점 죄어오고 담임 목회자의 부담감은 날로 가중된다. 이것은 마치 끝이 없는 뫼비우스의 띠처럼 비전교회를 괴롭힌다. 수많은 비전교회가 우리 주변에 있다. 상가 지하, 시골 논두렁 근처, 차가 달리는 도로변에서도 볼 수 있다.

교회를 사랑하는 목회자가 하나님 나라를 위해 애쓰는 노력은 측정 불가다. 대형 교회라고 더 힘들고, 비전교회라고 한가한 것이 아니다. 그럼에도 생존의 문제에까지 이르는 비전교회의 현실, 특히 목사님들의 삶을 생각하면 마음이 멘다.

분명 하나님은 한국 교회에 부흥을 주신다. 그리고 그 부흥은 몇몇 교회에만 해당되는 일은 아닐 것이다. "안 된다. 안 된다" 하는 때지만 지금도 어디에선가는 부흥이 일어나고 있다. 그만큼 부흥은 하나님의 열망이다.

부흥이란 위로부터 주어지는 새로운 생기와 기운을 덧입은 자들에 의하여 현 상태를 넘어서(beyond) 새로운 역사를 만들어 내는 것이다. 부흥은 단순히 더 많아지고 잘 되는 것 이상이다. 교회는 나의 것이 아니라 주님의 것이다. 그리스도가 머리 되시며 우리가 그리스도의 몸이 되는 것이다. 〈마태복음〉 16장 18절은 하나님께서 이 반석 위에 내 교회를 세우리라고 말씀하신다. 하나님의 거룩하심과 완전하심 가운데 세워진 교회는 무너지지 않는다.

모든 교회가 대형화될 필요는 없다. 그러나 영혼 구원의 장소로서 역할을 다 할 수 있도록 자립화는 되어야만 한다.

부흥을 추억이 아닌 현실로

상계교회에 부임한 지 1년이 지났을 무렵, 나는 기도 중 강렬한 꿈에 사로잡혔다. 그것은 성령 충만한 사람들로 교회가 부흥하고 한 도시가 변화하며 민족이 다시 일어난, 1907년 평양 대부흥 운동의 재현이다. 상상만으로도 가슴이 벅찼다. 이것을 상상으로만, 꿈으로만 갖고 있기엔 너무나 뜨거웠다. 나는 교회에 'Again Revival 2007 운동본부'를 만들었다. 그리고 500일 기도 릴레이를 시작했다. 어떻게 해야 부흥이 추억이 아닌 현실이 될 것인가, 어떻게 해야 한 교회에 국한되는 것이 아니라 도시와 민족이 부흥을 경험할 것인가. 100명의 성도들과 함께 매일 저녁 기도의 단을 쌓았다.

그때 마침 비전교회의 자립화 운동을 맹렬하게 하는 서울 동선교회에서 수차례 강의하면서 비전교회 목회자들의 갈망을 느꼈고 노하우도 듣게 되었다. 대전 선화교회 시절부터 중부권 목회력 개발 세미나를 주도하며 목회자 교육이 얼마나 중요한지 알고 있던 터였다.

2005년 교회성장연구소가 실시한 교회 경쟁력 계량화에서 우리 교회는 중대형 교회 부문 전국 경쟁력 2위에 선정되었는데, 많은 목회자가 그 비결을 물어 왔다. 이것을 계기 삼아 부흥을 열망하는 목회자들과 뜨거운 가슴을 나누고 싶었다. 부흥은 영적 리더들과 하나님의 교회로 인하여 시작되기 때문이다. 나는 부목사님들에게 나의 꿈과 계획을 말했다.

"목회자들을 대상으로 세미나를 열려고 합니다."

"크고 좋은 세미나들이 많은데 우리까지 세미나를 해야 할까요?"

"이론 말고 실제적 목회를 말하고 싶습니다. 그리고 이왕이면 비전교회를 대상으로 하면 어떨까 싶은데, 지원도 하면서요."

비전교회의 자립은 한국 교회의 팀 파워를 키우는 일이다. 또 비전교회의 전도 대상은 주로 불신자이기에 한국 교회에 제2의 부흥을 일으키기 위해선 비전교회의 자립이 꼭 필요함을 강조하였다.

나는 부목사님들과 대화를 나누며 방법을 모색하기 시작했다. 우리는 대화 중에 이러한 일은 단순한 재정적 후원을 넘어서 목회자들이 변화해야만 가능함을 직감했다. '안 된다'는 패배 의식을 벗어나 '할 수 있다'는 믿음을 회복하는 것이다. 목회의 매뉴얼을 제공하여 작은 것이라도 도전하여 성취감을 갖게 해주는 것이 필요했다. 또 시대에 맞는 목회력을 개발할 수 있도록 지침을 제공하면 좋겠다고 생각했다. 특별히 현장에서 전도하며 목회적 야성을 키울 수 있도록 돕자고 했다. 목회자들의 설교를 진단 교정(클리닉)하여 강단을 단단하게 만드는 방향에 대해서도 이야기했다. 그리고 이 모든 것을 위해서 세미나 후에도 한 달에 한번 모여 전도 상황을 점검하고 목회 코칭을 하는 시간을 갖기로 했다.

비전교회로 선정되면 매월 30만원씩 재정을 지원하는데, 20만원은 교회에 필요한 전도 용품을 구입해 주고, 10만원은 월 1회 세미나 참석 여비로 지급하자고 제안했다. 그리고 초교파로 전국의 목회자들을 대상으로 하되 세미나에 참석하기 원하는 사람에 한 해 제비뽑기로 선정하자고 했다. 이 정도 설명하자 부목사님들의 질문은 달라졌다.

"그렇다면 제1회 세미나의 주제는 무엇을 생각하고 계신가요?"

"'다시 뛰는 교회부흥세미나' 어떻습니까?"

한국 교회가 다시 힘을 합하여 뛰는 동기를 부여하고 싶어서 던진 주제였다.

늘 헌신적인 부교역자들이었지만 이때만큼은 참으로 긴장이 되었다. 이제 막 교회가 부흥하여 북적북적하기 시작했는데 괜한 일을 벌인다고 생각할 수도 있기 때문이다. 그러나 나는 우리의 폭발적 부흥의 경험을 조금이나마 나누고 싶었다. 또 안에서 일어난 부흥을 밖으로 풀어내야 할 시점이기도 했다. 부흥을 잘 풀어내지 못하면 분열이 온다.

"하십시오, 목사님. 따르겠습니다."

상계교회의 꿈이 한국 교회의 꿈으로 확대되는 순간이었다.

chapter 02

준비하신 손길

2006년 2월 21일, 첫 번째 세미나 날짜를 정했다. 외부인을 대상으로 하는 첫 행사라 마음에 부담감이 컸다. 또 인원은 어떻게 동원해야 할지 막막했다.

우선 갖고 있던 모든 연락처에 수작업으로 편지와 소개글을 보냈다. 그리고 직접 발로 뛰며 주변에 있는 교회마다 들어가서 '교회부흥세미나'에 관해 알렸다. 사람들은 생소한 교회 이름과 비전교회를 돕겠다는 이야기에 쉽게 마음을 열지 않았다. 몇몇 분은 "거, 얼마나 준다고 오라가라 하는거요?" 하며 다짜고짜 화를 내기도 했다. 내 진심을 몰라 주는 무례함에 당황하기도 했으나, 돈 때문에 마음 상할 일이 더 많은 목사님이실 것을 생각하며 이해했다.

그런데 주님은 이미 여러 곳에 도움의 손길을 준비해 놓으셨다.

우연한 기회에 대전에서부터 안면이 있었던 극동방송 박광현 차장(현 대구지사장)과 연락이 닿았다. 박 차장을 통해 주일 오전 11시에 서울 극동방송에 설교가 방송되었다. 또 당시 청취율이 가장 높았던 〈소망의 기도〉에 기도 사역자와 상담 사역자로 출연하게 되었다. 그 덕에 극동방송에서 세미나를 소개할 수 있게 되었다. 몸이 열 개라도 모자를 만큼 동분서주하며 발을 동동 구르고 있었는데 하나님께서 전파를 통해 한 번에 많은 사람에게 소개할 수 있게 하신 것이다.

하나님의 세밀한 인도하심은 여기서 끝나지 않았다. 함께 프로그램을 진행하던 최은택 전도사님의 소개로 CTS와 연결되었고 텔레비전으로도 세미나를 소개할 수 있게 되었다. 더욱이 놀라운 것은 신학대학 선배인 김영범 목사님을 통해 이미 CBS에도 이야기가 된 것이다. 그곳에서 직원 예배를 인도하게 되었고 방송 설교를 하게 되었다. 여러 통로를 통해 우리 교회의 부흥이 소개되기 시작했고, 간증 프로그램에도 나가게 되었다. 그러면서 자연스럽게 교회부흥세미나를 소개할 기회들이 주어졌다.

안방을 내놓는 섬김

편지는 붙었고, 교회부흥세미나의 일정은 전파를 탔다. 되돌릴 수 없는 큰일을 벌인 것이다. 나는 하나님께서 주신 꿈으로 마음이 들떴다. 전국 각지에서 모인 목회자에게 하나라도 더 알려 주고 싶었다. 이것저것 순서를 넣다 보니 2박 3일로도 모자를 분량이 나왔다. 함께 회의하던 부목사님이 걱정스러운 듯 말했다.

"목사님, 너무 늦게 끝나면 지방에서 오신 분들은 어떡하지요?"

아침 10시부터 저녁 9시까지 하다 보니 지방에서 오신 분들의 막차 시간을 넘기게 된 것이다. 그때 옆에 계시던 장로님께서 대답하셨다.

"우리 큰아들 작년에 장가 보내고 방이 하나 남습니다. 목사님들이 불편하지 않으시다고 하면 저희 집으로 모시고 가겠습니다."

장로님의 말이 끝나기가 무섭게 옆에 계시던 분들도 마음을 모았다.

"저희 안방 내어드리겠습니다."

"아예 성도에게 목사님들 주무실 곳을 모집한다고 광고를 내보는 건 어떨까요?"

나는 뜻밖의 제안에 감사하기도 했지만 한편으로는 성도에게 너무 부담을 주는 건 아닐까 걱정이 되었다.

"목사님, 우리 교회가 어머니 품속 같은 교회 아닙니까. 제가 어머니는 못해도 사촌 형님 정도는 할 수 있습니다."

장로님들은 오히려 내게 농담을 던지며 "목사님은 세미나 교육에 집중하십시오. 나머지는 저희가 처리하겠습니다" 하며 든든한 지원군이 되어 주었다.

선뜻 집을 내어 주기가 쉽지 않았을 텐데, 후에 섬긴 이들에게 물어보니 집에서 목장 집회를 드리던 것이 큰 도움이 되었다고 말했다. 예상치 못한 열매에 나는 또 감사할 뿐이었다.

우리 세미나의 특징은 목회 원리가 아닌 매뉴얼을 제시하는 것이다. 그래서 우리 교회의 모든 프로그램과 자료를 오픈하였다. 성도들이 안방을 내놓는데 교회가 내놓지 못할 것이 무엇이 있겠는가. 자료들을 차곡차곡 정리하는데 꼭 발가벗겨진 것만 같았다. 부끄러운 것은 없었으나 그렇다고 해서 자랑할 것이 많지는 않았다. "고작 이것으로 가르치려 하는 거야?", "난 또 대단한 게 있는 줄 알았네" 하면 어쩌나 싶었다.

사실 하나님의 나라에 노하우라는 말은 어울리지 않는다. 하나님의 교회의 저력은 하나님께로부터 나온다. "내 교회를 내가 세우리니"(마 16:18)라는 말씀처럼 우리가 주님을 교회의 주인으로 인정할 때 주님이 일하신다. 목회자는 성도들이 주님을 진짜 주인으로 모실 수 있도록 돕기만 하면 된다. 예배를 통해, 전도를 통해, 양육과 목장 모임을 통해 하나님과 더 가까이 교제하게끔 하면 된다. 그래서 목회에는 노하우가 필요하다. 기술이 필요하다. 어떻게 성도들이 교회에 머무르게 할 것인가에 관한 고민이 필요하다.

아무리 시들어 보이는 교회라도 알맞은 자양분을 공급하면 다시 일어선다. 일어섬을 넘어 하나님 나라를 위해 달려갈 수 있다. 그분이 일하시면 어떤 일이 일어나는지 분명히 보게 될 것이다.

매서운 날씨에도

2월 하순에 접어들었지만 그날은 참으로 추웠다. 영하 10도, 전날엔 약하지만 눈발이 날리기도 했다. 오는 길이 춥고 불편해 세미나에 마음이 열리지 않으면 어떡하나 싶었다. 고생한 만큼 만족스럽지 못하면 마음이 닫히는 것은 당연한 것이다.

사전 등록 인원은 300명이었다. 아홉시부터 등록 창구를 열고 기다렸지만 몇 명의 목회자만 드문드문 올 뿐이었다. 이대로라면 열시가 되어도 등록 인원이 다 못 올 것 같다며 전도사님들이 발을 동동 굴렀다. 처음 진행하는 세미나인지라 발생할 수 있는 모든 일의 시나리오를 설정해 보고 대처할 만반의 준비를 해놓았다. 이런 상황을 예상하지 못한 것은 아니었으나 마음이 싱숭생숭했다.

나는 목양실로 들어가 문을 굳게 닫았다. 그리고 조용히 하나님 앞에 기도했다.

"하나님, 제 마음이 요동칩니다."

바깥에 있던 교역자들에게는 걱정하지 말라고 어깨를 두드려 주고 왔지만, 나 역시 초조하기는 마찬가지였다. 마치 광풍이 호수로 내리쳐 배에 물이 가득해 위태한 것만 같았다. 그때 하나님은 나를 바나바라

불러 주시던 그날의 음성으로 말씀하셨다.

"너는 가르치는 은사가 있고, 대학에서 가르친 적이 있지 않니. 이때를 위함이었다."

"하나님 그때가 지금이 맞습니까? 제가 너무 성급한 것은 아니었는지요."

"너는 그저 행하라. 내가 세운 나의 교회를 위해 내가 일할 것이다."

나는 무엇 때문에 불안해하고 있었던 것일까? 하나님의 나라를 위해 지고 가는 멍에는 쉽고, 짐은 가벼운 것인데 나는 그것을 사람의 멍에로 생각하고 있었다. 주님의 음성을 듣자 나는 순간 몸이 가벼워지는 것을 느꼈다. 이것이 주님이 원하시는 일이며, 주님이 인도하실 것이라는 확신이 들었다.

아홉시 반이 지났을 무렵, 한 청년이 검은 무리(?)와 함께 본당으로 들어왔다. 교회 앞 횡단보도에서 안내를 서던 청년이었다.

"여기 목사님들 오셔요. 등록은 어디서 하면 되나요?"

우리 교회는 마치 숨겨진 보화처럼 주택가 한가운데 있어 동네 지리를 모르는 사람은 찾기 쉽지 않다. 지금처럼 스마트폰이 있던 시대가 아니어서 많은 목회자가 교회 근처에서 헤매느라 발걸음이 더뎠던 것이다. 노원역에서 목회자들을 태우고 온 봉고차도 하나 둘 교회에 도착했다.

어느새 교회는 목회자로 북적대기 시작했다. 사전 등록 인원은 물론이고 현장에서 등록하는 사람들까지 더해졌다. 순간 사람들이 몰리자

접수 창구가 분주해졌다. 게다가 현장 등록한 사람들의 명찰을 즉석에서 뽑으려고 프린터를 준비했는데 아뿔사! 명찰 하나를 인쇄하는 데 일분이 넘게 걸리는 것이다. 프린터를 고화질 인쇄로 설정해 놓은 탓이었다. '잉치키 잉치키' 하며 느긋하게 나오는 종이 앞에 접수 담당자들의 애간장이 탔다. 결국엔 매직으로 이름을 쓴 명찰을 목에 걸어 드렸다.

그렇게 마음 졸이던 시간이 지나고 첫 번째 강의를 위해 강단에 올랐다. 빈자리 없이 가득 채운 500명의 목회자가 내 앞에 앉아 있었다. 나는 가만히 서서 목회자들의 얼굴을 바라보았다. 나라고 왜 모르겠는가, 이 추위를 뚫고 서울의 끝자락인 상계교회까지 온 그들의 절박함을. 부흥하는 교회에 가서 조금이라도 부흥의 향기를 닮아 올 수 있다면 그걸로 족하다는 그들의 간절함을.

그들의 눈빛은 내가 가르쳤던, 이제 막 목회를 시작하려는 신학생들과는 차원이 달랐다. 강팍함으로 가물어 메마른 땅이 있었고, 눈물로 채운 기도의 바다가 있었고, 머리 둘 곳이라고는 오직 하나님 곁뿐인 하늘이 있었다. 목구멍에서부터 뜨거운 것이 올라왔다. 울컥하고 목이 메었다.

> "하나님! 이렇게나 많은 사람이 한국 교회의 부흥을 소망합니다. 한국 교회, 아직 소망이 있습니다. 이곳에 모인 우리들을 기억하여 주시옵소서."

하나님이 주도하신 첫 번째 세미나

"비전교회 목회자 여러분, 자신감 상실과 패배 의식에서 벗어나십시오. 이제는 목회에 전력투구해 자신 있게 성도에게 그들의 존재 가치와 하나님의 자녀라는 프라이드를 심어 주십시오."

세미나 강의는 교회 성장과 비전 세우기, 효과적 전도 행사와 새가족 양육 정착 시스템, 예배 리메이크와 심방 사역 등으로 이루어졌다. 또 우리 교회의 성공적인 소그룹 목장 시스템을 소개하기 위해 이동훈 권사가 누구든지 적용 가능한 실제적 방안들을 알려 주었다. 특별히 교회 성장에 전문가인 명성훈 박사를 초청해 교회 성장과 미래 목회 트렌드에 관해 배우는 시간도 있었다.

강의 시간엔 그 누구 하나 움직이거나 소란스럽게 하지 않았다. 강의 내용을 한 글자라도 놓칠 새라 나누어 준 핸드북 메모장이 넘치도록 적었다. 나중에는 종이가 모자라 본인이 갖고 있던 이면지까지도 빼곡하게 적어 내려갔다. 녹음기로 녹음하는 사람들도 있었고, 강의 테이프를 구할 수 없냐고 묻는 사람들도 많았다. 교회 부흥과 사역에 관한 모든 갈증이 해소되진 않았겠지만 쩍쩍 갈라졌던 메마름 가운데 단비가 되었던 시간이었다.

매 강의가 끝나면 20분간의 휴식 시간이 있었는데 이때 성도들이 후원한 간식을 나누어 주었다. 쉬는 시간 그 잠깐에도 목회자들을 섬기고 싶어 하던 성도들의 마음이었다. 간식의 효과는 실로 대단했다. 서로 처음 본 목회자들이 간식을 나누며 이야기를 공유하고, 강의에 대해 토론하는 등 긍정적인 분위기가 조성되었다. 대학교에서 학생들을 가르쳤던 나였기에 자칫하면 딱딱한 세미나가 될 수도 있었는데, 작은 부분을 세심하게 신경 썼더니 한층 부드럽고 사람 냄새나는 세미나가 되었다.

세미나의 마지막 시간은 '성령 집회'였다. 이 집회는 11회 차를 맞는 지금까지도 이어져 교회부흥세미나의 트레이드 마크가 되었다. 찬양단과 함께하는 이 집회는 뜨겁게 찬양하는 것으로 시작한다. 찬양을 통해 드리는 고백이 우리의 영혼 얼마나 깊숙한 곳에서 나오는 고백인지는 그 순간을 경험한 사람들만 아는 하나님의 선물이다. 찬양을 통해 우리의 마음을 어루만지시는 하나님의 위로를 경험하고, 그에 대한 반응으로 하나님의 나라를 위해 헌신하고 다짐한다.

이때만큼은 목회자들도 순수한 예배자의 모습으로 돌아간다. 성령께서 직접적으로 일하시는 시간이다. 교회는 목회자의 리더십에 따라 달라진다. 목회자가 성령과 얼마나 교제하는지, 그의 삶에 얼마나 충만하게 임하시는지에 따라 교회의 모습이 달라진다.

초교과 집회인 만큼 부르짖어 기도하는 모습이 생경한 교단의 목회자들도 있다. 그러나 성령은 사람에 관계없이 임하셨고, 마치 오순절 마가의 다락방처럼 모인 모두에게 성령의 기름을 부으셨다.

영국의 철학자 앨프리드 화이트헤드는 이렇게 말했다.

보통 교사는 말한다. 좋은 교사는 잘 가르친다. 훌륭한 교사는 스스로 해 보인다. 위대한 교사는 가슴에 불을 지른다.

앞선 우리의 강의들은 말하고, 가르치고, 모범을 보이는 것이었을지 모른다. 그러나 성령 집회는 가슴에 불을 지르는 시간이다. 성령의 불로 그들의 교회가 부흥하지 않고는 견딜 수 없게 만들어야 한다. 스스로 자신의 상태를 하나님 앞에 조명하여 깨닫지 않으면 절대 변화는 없다. 그렇기 때문에 이 시간은 결코 포기할 수 없는 시간이다.

그렇게 두 시간 가량 피를 토하는 심정으로 목회자들에게 나의 모든 것을 나누어준다. 목회자들 역시 오늘 천사와 씨름하는 야곱처럼 기도한다.

"하나님, 나를 축복하지 않으시면 제가 갈 수 없습니다."

이 시간에 수많은 간증이 쏟아져 나온다. 집회를 인도하면서도 놀라운 일은 사모님들의 치유가 강력하게 일어나는 것이다. 삶의 무게에 허덕이며 우울증에 시달리던 사모님들이 회복됐다. 또 실제로 목과 허리의 디스크, 성대 결절, 간경화가 낫는 역사들이 일어났다.

살아 계신 하나님의 능력은 먼 나라, 이웃 나라의 이야기가 아니었다. 그 능력은 실재가 되어 지금 이 시간, 상계교회의 예배당에서 한국 교회와 함께 호흡하며 생기를 불어 넣고 계시다. 한국 교회의 부흥을 위해 하나님은 이 모든 것을 예비하셨다. 하나님이 하셨다. 이 말이 아닌 다른 고백은 감히 할 수 없었다.

처음으로 선정된 20개 비전교회

비전교회 목회자에게 재정이 유독 어려운 것은 부정할 수 없는 사실이다. 그런 연유에서인지 세미나 참가비에 대해 불만을 표하는 사람들도 있었다.

"왜 비전교회를 섬긴다고 하면서 참가비를 받습니까?"

교회부흥세미나의 참가비는 2만원이었다. 교재비, 점심 저녁 식사비, 홍보비 등 따지고 계산하려 든다면 결코 비싸지 않다. 물론 그들의 마음을 이해 못하는 것은 아니다. 그러나 나는 이렇게 생각한다. 아무리 좋은 건강식품도 선물로 받은 것은 잘 챙겨 먹지 않는 법이다. 반면 자신이 필요해서 산 것이라면 값싼 비타민도 매일매일 꼬박꼬박 챙겨 먹는다. 공짜로 얻은 것은 아무리 좋아도 귀하게 여기는 마음이 잘 생기지 않는다. 나는 세미나비 2만원에 큰 가치가 있다고 생각한다. 단지 이것을 참가비라고 생각한다면 계산적으로 나올 수밖에 없겠지만, 이것은 교회를 향한 투자며 부흥에 대한 열망이다. 내가 심은 만큼 그것에 대한 가치가 생긴다.

세미나에 참여한 많은 목회자의 큰 관심은 전도 물품과 전도비 지원이었다. 우리가 홍보할 때 강조한 것도 그 점이었다.

"교회부흥세미나는 강의뿐 아니라 실제로 후원하는 세미나입니다."

추첨을 통해 선정된 20개의 비전교회에게 재정적 후원과 함께 일 년간 매달 한 번씩 실제적인 목회 코칭을 한다. 어려운 여건 때문에 마음이 흔들릴 수도 있어서 매달 만나 마음을 다잡을 수 있도록 도와준다.

후원 지원서는 매우 구체적이다. 교인은 어린이, 청년, 장년, 노년이 몇 명인지, 교회 건물은 몇 평인지, 다른 곳에서 후원받진 않는지 등등을 기록한다. 또 교회자립운동 동참 서약서도 함께 쓴다. 대충 보험 약관에 체크하듯 쓱쓱 하려다가 내용을 확인하고는 다들 깜짝 놀랐다. 얼핏 보면 가혹해 보이는 조항들이 있다.

"1년만이라도 일주일에 이틀은 강단에서 잠을 자며 기도할 것, 주 5일간은 매일 장년 15명을 만나 전도할 것, 지원되는 돈은 전도비로만 사용할 것, 세미나는 꼭 부부가 참석할 것, 2회 이상 빠지면 탈락하고 50만원의 벌금을 낼 것" 등등이다. 다들 너무나 다급한 상황인지라 기꺼이 조항에 동의하여 신청서를 제출하였다.

성령 집회를 끝내고 정말 마지막 순서가 되었다. 비전교회 추첨이다. 장로님들이 400개가 넘는 지원서가 담긴 상자를 들고 나오셨다. 장로님들에게 제비를 뽑게 한 이유는 두 가지였다. 하나는 교인들의 참여이며, 또 하나는 공정성을 드러내기 위함이다.

일순간 소란했던 예배당이 조용해졌다. 많은 분이 눈을 감고 기도했다. 첫 번째로 선임 장로님이 종이를 뽑으셨다.

"반석교회입니다!"

본당 한켠에서 "와아!" 하는 환호성이 들렸다. 옆에서는 축하의 박수를 아낌없이 보냈다. 두 번째, 세 번째 교회들의 이름이 불리고 마지막 순서가 가까워질수록 환호성만큼이나 아쉬운 탄식이 나왔다. 마지막으로 스무 번째 교회인 '브니엘교회'의 이름이 불렸다.

곳곳에서 울음소리가 터져 나왔다. 나 역시 알 수 없는 감정에 뜨거운 눈물이 흘렀다. 세미나의 끝에서 우리가 흘린 눈물은 비전교회로 선정되지 못한 아쉬움의 눈물만은 아니었을 것이다. 500여 명의 목회자들 중 비전교회에 선정된 교회는 20개의 교회에 불과하다. 그렇다고 해서 나머지 교회가 소득 없이 돌아가는 것은 결코 아니다. 그들은 다시 부흥을 꿈꾸게 되었고, 그것이 현실로 이루어질 것이라는 확신을 얻었다.

나는 이 사역을 정말 잘했다고 생각했다. 사역을 하기로 한 결정이 옳았고, 잘 판단했다고 생각했다. 하나님은 어느 누구도 아무 목적 없이 창조하지 않으셨다. 분명한 하나님의 목적이 나와 교회의 비전이 될 때, 그리고 그 비전을 위한 구체적인 계획과 목표가 세워질 때 비로소 부흥을 향한 첫걸음은 시작되는 것이다.

다시 뛰어야 한다. 하루가 다르게 변화하는 세상 속에서 느긋하게 앉아 있으면 안 된다. 부흥을 향해 달려야 한다. 나는 첫 세미나를 기점으로 앞으로 매년 1백 개의 교회를 자립시키고자 하는 더 큰 꿈을 꾸게 되었다. 우리가 해마다 1백 개의 교회를 자립시킨다면 한국 교회의 10년 후는 상상할 수 없는 정도의 영향력이 생길 것이다. 나는 꿈꾼다. 1907년의 평양 대부흥 운동이 지금의 한국 교회를 세웠듯이 상계교회가 제2의 부흥의 진원지가 되어 한국 교회를 새롭게 세울 것이다.

하나님의 특별한 선물

오미교회 이야기

거절할 수 없는 강력한 하나님의 부르심으로 이곳(평화의 댐과 인접한 대한민국 대표 오지 교회)에서 벌써 14번의 봄을 맞이하게 되었습니다. 도망가고 싶을 정도로 쉽지 않은 시간들도 있었습니다. 그러나 순간순간 부어 주시는 분에 넘치는 하나님의 사랑으로 인해 그 지난한 아픔(?)의 시간들을 극복할 수 있었습니다. 특히 지난 2007년은 우리 오미공동체에 매우 특별한 은혜의 해였습니다. 섬세하신 하나님의 사랑을 경험했기 때문입니다. 그 이야기는 상계교회와의 만남에서 시작합니다.

신문 〈기독교 타임즈〉와 초청장을 통해 상계교회의 성장에 관한 기사와 '다시 뛰는 교회부흥세미나'의 소식을 접하게 되었습니다. 솔직히 처음에는 반신반의했습니다. 왜냐하면 자칭 '교회부흥세미나'를 개최하는 대다수의 교회가 부흥을 빙자하여 '자기 의' 내지는 '자기 자랑' 일색이고, 작은 교회의 상황에는 맞지 않는 경우가 많기 때문입니다. 그러나 그것은 저의 편견이었으며 오히려 세미나 참석은 제 목회 여정에서 탁월한 선택이었습니다.

그 만남을 통해 제 가슴에 새겨진 몇 가지 단어가 있습니다. '은혜와 감동의 예배', '비전 메이커', '영적 리더십', '열정적인 전도' 그리고 '함께 세워가는 공동체' 등이 그것입니다. 그것은 우리 오미공동체로 하여금 전도, 예배, 설교 그리고 다음세대를 위한 비전 등을 새롭게 세우는 계기가 되었습니다. 그리하여 20여 명의 교인이 40여 명으로 성장하는 2배의 외적 성장을 이루었으며, 내적으로는 공동체원 모두가 '임마누엘'을 확신하게 되었습니다. 한마디로 새로운 영적 DNA을 가진 교회로 거듭나게 된 것입니다.

당시 우리 공동체에는 84세 된 '박봉옥' 할머니가 계셨습니다. 할머니는 2006년 봄에 처음 예배당에 나오셨습니다. 당시 원인 불명의 병마와 씨름하며 약 17일 동안 아무것도 드시지 못하는 위중한 상황이었습니다. 그때 병실에서 "할머니, 우리 동네에도 할머니처럼 가슴에 불덩이가 있는 것처럼 아프면서 아무것도 드시지 못하는 분이 있었는데, 교회에 다닌 이후로 괜찮아졌습니다"라는 이야기를 듣게 되어 교회에 나온 것입니다. 그런데 공교롭게도 이 할머니는 동네에서 가장 불심이 좋은 분이셨습니다. 처음 예배당에 왔을 때에는 앉아 계시는 것조차도 너무 힘들어 보였습니다. 그런데 2주 정도 지나면서 기적적으로 식사를 하기 시작했고, 온전한 회복을 이루게 되었습니다. 그리고 매일 새벽을 깨우는 신실한 믿음의 사람이 되었습니다.

이제 집사님이 되신 할머니는 입버릇처럼 늘 두 가지 말씀을 하셨습니다. 하나는 "목사님, 제가 좀 더 일찍 예수님을 만났으면 좋았을 텐데요. 제 나이 70에만(박봉옥 집사님은 82세에 예수님을 만났다) 예수님 믿었어도 이렇게 살진 않았을 텐데요"입니다. 그리고 다른 하나는 "목사님, 제가 살아

있는 동안에는 절대로 이곳을 떠나시면 안 됩니다"였습니다. 결국 박 집사
님은 2013년 가을에 먼저 하나님 품으로 돌아가셨습니다.

　박 집사님은 두 가지 잊을 수 없는 선물을 주셨습니다. 때는 2007년 1월
로 거슬러 올라갑니다. 그날도 박 집사님은 습관대로 그 추운 새벽에 머리
를 감으시고 단정한 모습으로 오셔서 제일 먼저 기도하고 계셨습니다. 설
교가 끝나자마자 이렇게 말씀하십니다.

　"목사님, 목사님 말씀을 듣고 있으니 제 죄가 깨달아집니다. 어떻게 하면
좋을까요?"

　"할머니, 떠오르는 죄들을 하나하나 예수님의 보혈로 씻어 달라고 기도
하세요, 그럼 다 용서해 주십니다."

　이렇게 얘기하면서 얼마나 감사했는지요. 그해 겨울이 찾아올 무렵 새벽
에는 이런 말씀을 하셨습니다.

　"목사님, 전도는 어떻게 하는 거예요?"(상계교회와 함께하며 매주일 외쳤던
'할 수 있다 한 명 전도, 하면 된다 배가 부흥'이 빛을 발하는 순간이었습니다).

　"기도하시면서 마음속에 떠오르는 분이 계시면 하나님이 주시는 마음이
니, 기회가 되는 대로 찾아가셔서 할머니가 만난 하나님을 전하시면 돼요,
하나님이 함께하시니 걱정 마시구요."

　그랬더니 그다음 날 어디를 함께 가자고 하셨습니다. 차로 10여 분 거리
에 있는 할머니 한 분을 찾아가게 되었습니다. 나중에 알게 된 사실인데 할
머니는 자신의 몸집만한 배낭에 과일, 음료수, 사탕, 전도 용품 등을 한 짐
담아서 왕복 15킬로미터가 넘는 거리를 걸어서 오가며 전도하셨다는 것이

었습니다. 겨울의 칼바람을 맞으시면서 말입니다. 순간 그분의 얼굴을 보는데, 너무 부끄럽고 죄송해서 견딜 수가 없었습니다.

그 이후로도 박 집사님은 그렇게 마음에 떠오르는 분들을 찾아가셨고 4명을 더 주님께로 인도하셨습니다. 집사님은 하나님의 마음을 삶을 통해 고백했던 귀한 하나님의 사람이었습니다. 그 분은 상계교회와 함께하면서 주신 하나님의 특별한 선물이었습니다.

chapter 03

싱가포르 비전 트립

2007년, 청년들과 싱가포르 비전 트립을 갔던 때를 잊을 수 없다. 당시 우리 교회 청년부는 30명에서 100명으로 부흥하는 놀라운 성장을 보이고 있었던 때였다. 1,000명의 예배자를 꿈꾸었고, 10개의 미전도 종족에게 10명의 선교사를 파송하겠다는 야심찬 포부로 가득 차 있었다. 나는 그들의 열정에 불을 지피기 위해 우리 교회 청년 45명과 노원지방 청년 16명을 이끌고 싱가포르의 CHC와 FCBC 교회를 방문했다.

여행의 마지막 날은 싱가포르의 야경을 구경하기로 약속되어 있었다. 그런데 그날 아침 문득 다함께 모여야 한다는 마음이 들었다. 한국에서 올 때 집회를 준비하고 온 것이 아니었다. 장소도 마땅치 않았다. 그러나 내 안에서는 하나님을 만나고자 하는 마음이 강렬하게 끓어올랐다. 함께 간 다른 목사님들은 계획과 반하는 내 뜻을 존중해 주었고, 부랴부랴 호텔 연회장을 빌려 집회를 하게 되었다.

그날 밤 하나님이 역사하셨다. 성령께서 이곳에 함께 있음을 전인적으로 느낄 수 있었다. 성령의 기운이 우리를 휘감았다는 표현이 정확할 것이다. 곳곳에서 울음이 터지고, 몸을 흔들거나 손을 떨었다. 신비와 미지로 여기던 영적 세계의 실재를 보는 듯했다. 마치 라마 나욧과 같았다. 여태껏 느껴보지 못했던 두려운 마음이 들었다. 지금 생각해 보면 그것이 하나님의 영광 앞에서 저절로 드러날 수밖에 없는 피조물의 경외심이었던 것 같다.

한 사람 한 사람, 청년들의 머리에 손을 대고 기도해 주었다. 그리고 나도 내 머리에 손을 얹고 기도했다.

"주님, 주님의 영광을 볼 수 있는 내가 되길 원합니다."

"길원아, 내가 너에게 한국 교회 제2의 부흥을 주어 마지막 주님 오실 길을 준비하게 할 것이다."

주님의 영광을 보고 싶다고 기도했더니 부흥을 말씀하셨다. '부흥' 이 두 글자는 나를 움직이는 힘이었다. 나는 누구보다 한국 교회의 부흥을 꿈꾸었다. 그러나 나는 '부흥'이라는 허울 좋은 미명 하에 나의 욕심을 채우고 있는 것은 아닌지 갈등하곤 했다. 2006년과 2007년에 다시 뛰는 교회부흥세미나를 진행했지만 이것이 나와 우리 교회가 감당할 수 있는 사역인지 확신이 서지 않았다. 교역자들은 가중된 업무로 힘들어하고, 성도들은 은근한 부담을 느끼고 있었다. 나 역시 홍보에 지쳐 있었고, 사람들의 입방아에 오르내리는 것에 시달리고 있었다.

"주님, 제가 지금 하고 있는 사역들이 하나님 보시기에 합당합니까? 하나님의 일이 맞습니까?"

"내가 한다면 한다."

나는 그 무엇보다 단호한 하나님의 음성에 와르르 무너졌다. 기를 쓰고 숨겨온 나의 연약함이 하나님 안에서 자유함으로 변한 것이다.

"한국 교회는 한 번 더 일어날 것이다. 중국, 싱가포르, 인도를 복음화하는데 일조할 것이며 그들로 하여금 이슬람 지역을 뚫어 예루살렘까지 복음을 전하게 할 것이다."

"하나님 그렇다면 왜 비전교회를 섬겨야 합니까?"

주님은 나의 질문에 조목조목 대답해 주셨다.

"한국 교회 안에서 작은 교회를 세우기 위하여 엄청난 돈이 들어가고 있다. 그 돈들을 모아 해외선교를 한다면 어떤 일이 일어나겠는가?"

감리교단은 연 200억을 비전교회에 투자한다. 만약 비전교회가 자립하여 그 돈을 중국, 인도, 싱가포르 선교비로 투자한다면 가히 상상을 초월하는 일들이 일어날 것이다. 해외 선교, 선교 한국! 우리나라야말로 선교사들의 피로 세워진 나라가 아니던가.

또 비전교회의 전도 대상은 불신자가 대부분이다. 교회의 수평 이동은 주로 중대형 교회에서 많이 이루어지기 때문이다. 이런 상황에서 비전교회의 불신자 전도는 민족 복음화에 크게 기여할 것이다.

"길원아, 힘을 내라. 그리고 비전교회를 키워 내라. 네 목회의 마지막은 목회자 학교가 될 것이다."

나는 그날 믿음 없다 여겨질 만한 나의 불안함과 연약함들을 하나님 앞에 쏟아 냈다. 그리고 언제나 그랬듯 하나님은 나의 질문과 고민에 대답이 되어 주셨다.

어린아이는 언젠가는 장성하여 어른이 되어야 한다. 언제까지 다섯 살 아이처럼 엄마의 치맛단을 붙잡고 "왜?"라고 질문할 수 없다. 스스로가 질문에 대한 해답을 찾아야 한다. 자신의 연약함을 분석하고 파악하여 스스로 고쳐 내야 한다. 그것이 사회가 바라는 어른의 모습이다. 그러나 하나님은 그렇지 않다. 나의 질문, 나의 고민, 나의 연약함을 내 스스로 고치기 원하지 않으신다. 우리는 자신을 고칠 수 있을 만큼 완전한 존재가 아님을 알고 계시기 때문이다. 우리가 손을 뻗으면 닿을 그곳에 하나님의 치맛단이 있다. 붙잡으라. 하나님은 언제나 우리의 질문에 대답할 준비가 되어 계신다.

이날 주님과의 대화에서 나는 새 힘을 얻었다. 이것이 주님이 원하시는 일이며, 주님이 인도하실 것이라는 확신이 들었다. 그리고 돌아와 제3회 다시 뛰는 교회부흥세미나의 주제를 이렇게 정했다.

"부흥의 열정으로 나아가라!"

한국 교회의 다윗

4회 때부터는 세미나의 이름을 '다시 뛰는 교회부흥세미나'에서 '리메이크 교회부흥세미나'로 바꿨다. 3년간 하나님의 은혜로 여러 간증과 부흥 사례도 있었지만 반면 우리 교회에서 준비한 시스템과 자료들이 비전교회에서는 실현되기 어려워 교회가 정체되거나 시도도 되지 못한 사례들이 보였다. 이 문제점을 고려하여 새로운 혁신과 비전교회들이 가지고 있는 장점을 살려 또 다른 목회의 방향을 제시하고자 '리메이크 교회부흥세미나'로 명칭을 변경한 것이다.

또 4회 때부터 세미나의 주제를 세웠다. 2009 하나님이 쓰시는 거룩한 부흥의 용사, 2010 상계교회 부흥의 모든 것을 함께 나눕니다, 2011 성령의 능력과 교회 부흥, 2012 제자 양육과 소그룹 부흥, 2013 목회 리더십을 통한 교회 부흥, 2014 다음세대 교회(next church), 2015 순교의 영성과 교회 부흥, 2016 리바이벌 스토리.

세미나가 무르익어 진행될수록 나는 한국 교회의 가능성을 보았다. 이렇게 많은 잠재적 능력이 있는데 그동안 묻어 두었던 현실이 안타까웠다. 그래서 나는 한국 교회를 향한 진심과 진실함이 있다면 누구든지 부흥의 주역이 될 수 있다는 용기를 주고 싶었다.

"내가 한국 교회의 다윗이다!"

다윗은 작고 미약한 존재였다. 아버지 이새는 다윗이 기름부음 받을 만한 사람이라고 생각하지 않았다. 다윗도 자신의 처지와 환경을 보고 체념하며 자신은 기름부음 받을 자가 아니라고 생각했을 것이다. 그러나 사무엘은 그에게 기름 부었고, 다윗은 기름부음 받은 자의 정체성을 갖게 되었다.

다윗의 인생은 순탄하지 않았다. 오죽했으면 자기 목숨이 위태로울지도 모르는데 적의 나라에 가서 숨었겠는가. 그러나 다윗은 자신에게 닥친 고난의 시간들을 하나님께서 담금질하는 시간으로 여겼다. 하나님의 시각으로 자신의 상황을 바라본 것이다. 결국 다윗은 하나님의 예언대로 왕이 되었고, 하나님 마음에 합한 자가 되었다.

비전교회도 다윗과 같은 용사가 될 수 있다. 많은 목회자가 "나는 다윗은 아닌가보다" 하며 체념한다. 그러나 하나님은 우리를 기름부음 받은 하나님의 종으로 세우셨다. 기름부음 받아도 기름부음이 있다고 생각하지 않으면 기름을 쓰지 못한다. 내가 한국 교회 다윗이라는 기름부음을 다시 상기하여, 다시 출발해야 한다. 대형 교회들이 손가락질을 받고 비리에 휘말리는 이때에 비전교회의 진실함과 진정성은 그들을 이 난국을 타개할 용사, 다윗으로 만들 것이다.

순교 영성으로 재무장

제10회 교회부흥세미나의 주제는 '순교 영성'이었다. 순교의 사전적 의미는 "모든 압박과 박해를 물리치고 자기가 믿는 신앙을 지키기 위하여 목숨을 바치는 일"이다.

한국 교회가 다시 살아날 길은 없을까 고민하다가 만난 책이 있다. 윌리엄 이섭의 《춤추는 교회》다. 저자는 지금 이 시대는 과거와 다가오는 시대의 역사적 틈새로 과도기요, 패러다임의 변화기라고 말한다. 시대는 기독교를 무시하는 것을 넘어 반기독교가 되어 기독교 자체를 몰아내려고 할 것이며, 지역 주민들은 교회에게 그 지역에서 떠날 것을 요구할 것이라고 말한다. 그러면서 이러한 시대 흐름을 이기고 복음의 가치를 지키기 위해 초대교회를 바라보라고 말한다.

열 번의 세미나를 진행하면서 교회의 부흥을 위해서는 처음 것을 회복해야 한다는 생각이 계속 들었다. 우리가 돌아가야 하는 처음은 무엇인가? 바로 초대교회다. 초대교회는 복음에 대하여 아주 적대적이고, 혼란하고, 슬프고, 외로운 시대에 시작되었다. 하지만 복음을 세계화하는 데 성공했고, 결국엔 세상으로부터 존경받는 자들이 되었다.

이런 기적을 일군 초대교회의 가장 큰 특징은 순교 영성이다. 초대교회는 예수님이 주님이요 왕이심을 선포하는 데 목숨을 걸었다. 목숨을 걸고 기도했고, 전부를 드리며 사역했고, 혼신을 다하여 사람을 키워 냈다.

교회는 역사적으로 한 번도 순탄한 적이 없다. 그러나 교회는 계속되어 왔다. 교회는 시작부터가 고난의 DNA를 품고 있다. 그것도 보통의 고난이 아니라 목숨을 요구하는 고난이다. 참 신기한 것은 교회는 피 냄새를 맡으면 다시 일어난다는 사실이다. 다시 날개를 편다. 주님의 십자가의 고난으로 인류 앞에 드러난 교회, 초대교회 선배들의 피 값으로 세워지고 확장된 교회, 수천년의 역사 속에서 흘린 선교사, 목회자, 성도의 순교와 헌신의 피로 성장한 교회다.

이 시대의 위기를 극복하고 복음을 전하기 위해 우리도 순교 정신으로 무장해야 한다. 평범한 영성, 일상적 영성으로는 안 되는 시대에 돌입한 것이다. 이를 위해 한국 교회와 목회자와 성도는 순교적 각오를 해야만 한다.

나는 상계교회의 세미나가 이러한 순교적 각오에 동참하는 일에 앞장서는 것이길 원한다. 우리는 늘 죽을 것 같다고 말하지만 죽지 않는다. 왜냐하면 벼랑의 끝에서, 절망의 끝에서 하나님이 우리를 그 크신 손으로 건져 내시기 때문이다.

시인 이상은 "절망은 기교를 낳고, 그 기교 때문에 또 절망한다"라고 말했다. 교회가 부흥하지 않는다고 해서 요행을 부리거나 얕은 수를 쓰면, 그 수에 제가 넘어지고 만다. 부흥의 본질은 우리의 마음이다. 부흥을 위해 목숨도 아깝지 않게 여기는 마음이다. 하나님의 나라를 위해 기꺼이 우리의 삶을 바치는 각오다.

부흥에는 끝이 없다. 열 명의 성도가 백 명이 되었다고 부흥의 꿈이 사라지는 것이 아니다. 만 명의 성도가 모여도 세계 부흥을 향한 꿈을 꾸게 된다. 부흥은 그것을 꿈꾸며 이루는 자에게는 화수분과 같다. 하나님 나라의 부흥에는 한계가 없다. 모든 열방이 주 볼 때까지 부흥은 일어나야 하며, 하나님을 찾는 자가 있는 한 부흥은 일어날 것이다.

무당학교가 있는 진도에서
전도하다

진도교회 이야기

진도에는 100여 개의 교회가 있는데 기독교인은 2,000여 명 수준으로, 전체 인구 대비 6%에 대에 머무르고 있습니다. 그리고 구원파, 안식교, 여호와의 증인 등 이단이 섬 곳곳에 분포하고 있습니다.

현재 진도의 노래, 그림, 민속 등은 문화재로 지정되어 국가의 보호와 지원을 받고 있습니다. 그만큼 이곳은 전통 문화가 잘 보존된 지역입니다. 그러나 우리 전통 문화에 뿌리 깊이 박혀 있는 무속신앙은 선교에 큰 걸림돌이 됩니다. 무속인을 길러 내는 무당학교가 있는 곳이 진도입니다. 게다가 섬사람 특유의 낙천적 기질과 거친 성격, 외지인에 대한 배타적 자세 등은 전도에 큰 어려움으로 작용하고 있습니다.

이러한 진도교회에 나와 아내는 큰 기대와 선교적 각오로 2015년 제4대 담임자로 파송받았습니다. 진도교회는 1997년 12월 창립한 교회입니다. 진도에 가서 제일 먼저 피부에 와닿은 것은 교회의 불리한 입지 조건이었습니다. 진도에서 가장 큰 교회 두 곳과 이웃하고 있었고, 교회가 골목 안에 있어서 큰 길에서는 잘 보이지 않았던 것입니다. 그러나 이 교회도 주님이 피로 값 주신 귀한 교회인데, 부족한 나를 이곳에 보내신 데에는 분명한 주님의 뜻이 있다고 확신했고, 선교 비전과 방법을 계속 간구했습니다. 그러던 중 교회와 근접한 진도초등학교(전교생 1,000여 명)와 교회 앞을 거쳐 등하교하는 많은 중고등학생을 주목하게 되었습니다. 그리하여 초·중·고생을 전도하고 변화시켜, 주님의 제자로, 영적인 리더로 세워 나가고자 하는 목표와 꿈을 갖게 되었습니다. 뿐만 아니라 그들이 믿지 않는 부모들을 전도하면 되겠다는 확신을 가졌습니다.

　그러나 현실의 벽은 높았습니다. 어른과 아이가 조금 늘어나기는 했지만, 기대한 만큼 폭발적인 변화는 일어나지 않았습니다. 담임자와 예배실이 바뀌면서 "뭔가 이뤄지려나 보다" 하고 부풀었던 마음이 금세 시드는 교인들을 보면서 희망은 점점 실망으로 바뀌었습니다. 낯선 곳에서의 생활도 적응이 쉽지 않았습니다. 교인들도 늘 '작은 교회' 프레임에 갇혀 있었습니다. 아동부와 중·고등부도 여름 겨울로 캠프에 참석하는 등 이런저런 방법을 동원해 보았으나 변화는 미미했습니다. 뾰족한 수는 없었습니다.

　그러던 중 상계교회 '리메이크 교회부흥세미나' 소식을 들었습니다. 강의시간 내내 마음이 뜨거워지고 열정이 살아나며 큰 위로와 힘을 얻었습니다. 비전교회를 제비뽑는 시간에 "진도교회, 김두현 전도사"(당시는 전도사였다) 하는 소리가 들렸습니다. 이것을 열심히 전도하라는 하나님의 뜻으로 알고 최선을 다하기로 결단했습니다.

　그리고 본격적인 목회 코칭 세미나와 실습이 시작되었습니다. 한 달 동안 쓰고도 남을 만큼 전도 용품이 배달되었고, 그것을 한 달 안에 다 사용하기 위해 열심히 전도했습니다. 길거리, 골목, 집집을 누비며 전도에 힘썼습니다. 전도의 문이 갑자기 열린 것은 아니었지만 그 자체로 기쁘고 즐거웠습니다. 믿지 않는 이들을 만나는 것도, 그들에게 교회 나올 것을 권하는 것도, 복음을 전하는 것도 큰 기쁨이었습니다. 무엇보다 말씀에 순종하여 전도했더니 능력도 임하고 전도의 야성이 생기는 것을 경험했습니다.

그리고 역시 지원비로 구입한 팝콘 기계와 슬러시 기계를 가지고 학교 앞에서 하교하는 어린이들을 집중적으로 전도했습니다. 팝콘 기계를 돌리면 고소한 냄새와 함께 "펑펑펑펑" 하면서 팝콘이 튀겨져 나옵니다. 아이들은 호기심을 갖고 몰려들었고, 전도하는 날이면 학교 앞에 길게 줄을 서서 기다리는 광경이 연출되었습니다. 날씨가 더워지면서 슬러시 기계를 동원해 전도하였는데, 이것은 더욱 인기가 많았습니다. 토요일에는 교회 집사님과 함께했지만, 평일에는 아내와 번갈아 아기를 보며 해야 했기에 힘든 점도 있었습니다. 하지만 줄 선 아이들을 보면서 전도하는 즐거움과 보람을 느꼈습니다.

지금 우리 교인들은 주일예배를 비롯한 모든 공예배에서 큰 은혜를 받고 있습니다. 기도 시간, 찬양 시간, 설교 시간에 성령께서 임하시고 만져 주시며 말씀하시는 것을 경험하고 있습니다. 예배 시간이 눈물 바다가 된 적이 한두 번이 아닙니다. 성도들의 믿음이 성장해 가는 것을 보면 가슴이 뿌듯하고 기쁘기 그지없습니다. 주일학교도 '키즈 워십'으로 영성과 즐거움을 얻고 있습니다. 심지어 아이들은 예배시작 30분 전부터 교회에 나와 예배를 기다리는 정도가 되었습니다.

그러다 보니 2년 전 6명이던 주일학교가 지금은 35명으로, 아예 없었던 중·고등부는 7명으로, 장년 2명은 20명으로 주일예배 출석 인원이 늘어났습니다. 이 인원은 4주 이상 출석한 숫자만 따진 것입니다. 예산도 3배 늘어났습니다. 특히 새벽 기도회에는 8-11명이 꾸준히 참석하여 열정적인 기도로 새벽을 깨우고 있습니다. 지난해 6월에는 아동부 '친구 초청 잔치'를 열었는데, 100명 정도가 몰려와서 예배실이 비좁을 정도였습니다.

지금은 더 큰 꿈을 꿉니다. 무엇보다 수적인 성장만이 아니라, 교회 나오는 모든 아이와 어른이 하나님을 만나는 성도가 되고 그리스도의 제자로 세워지는 부흥을 기대하며 기도하고 노력하고 있습니다. '역동적으로 부흥하는 교회'를 표어로 하여, 공적 예배와 삶의 예배가 살아 있는 성도(롬 12:1), 하나님과 이웃을 사랑하는 성도(마 22:37-40), 성령의 권능으로 증인 되는 성도(행 1:8), 성령의 은사로 교회 공동체를 세우는 성도(고전 12:7)를 위하여 사역하고 있습니다.

chapter 04

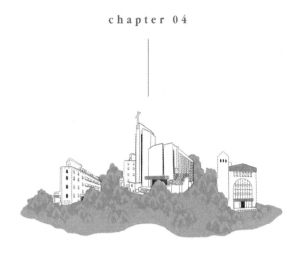

교사가 아닌 코치

교사와 코치는 큰 차이가 있다. 교사는 학생에게 지식을 전달한다면 코치는 학생의 잠재력을 이끌어 낸다. 교사는 문제의 답과 그 문제를 푸는 정확한 기술을 알려 주지만 코치는 개개인의 특성을 파악하여 문제를 풀 수 있는 여러 다양한 전략과 해결책을 스스로 찾도록 돕는다.

다시 말해 코치는 가르치는 것이 아니다. 다만 상황을 객관적으로 바라보고 판단하여 학생에게 선택의 길을 보여 주고 방향을 알려 준다. 또 학생이 스스로 깨달을 수 있도록 끊임없이 질문하고 지치지 않도록 격려한다.

그래서 교회부흥세미나의 후속 프로그램은 목회 티칭이 아니라 목회 코칭이다. 목회 코칭이야말로 우리 세미나만의 특장점이다. 선정된 비전교회는 무조건 목회 코칭에 참석해야 한다. 2번 이상 빠지면 이유를 불문하고 선정 교회에서 탈락된다. 위약금도 있다. 그냥 돈만 한 번에 주지 왜 귀찮게 사람을 불러내느냐는 사람들도 있다. 전도비를 인질 삼는 것이냐고 따지기도 했다. "목사님, 안 힘드시겠어요? 이렇게 몸을 혹사하다가는 금방 죽어요"라고 걱정하는 사람들도 있다. 그러나 나는 어떻게 해서든지 사람들과 매달 만나야 된다고 생각한다. 한 번의 세미나가 생각을 바꿔놓을 순 있어도, 행동으로 이어지기까지는 어려운 법이다.

비전교회 목회자들이 무언가를 배운다는 것은 쉽지 않은 일이다. 그런 상황에서 매달 정기적인 코칭을 받는다는 사실만으로도 "내가 지금 자기 계발을 하고 있구나"라는 자부심을 고양시켜 준다. 자신의 울타리 안에만 있다 보면 좌절하고 현실만을 바라보게 된다. 그러나 함께 모이면 패배 의식을 깨뜨릴 수 있다. 부흥을 결심했던 그날의 은혜들을 다시 기억해 낼 수 있다. 비슷한 처지의 사람들이 부둥켜안으며 서로를 위로하는 시간이 목회 코칭 시간이다.

사모님들에게도 목회 코칭 시간은 한 달에 한 번 콧바람을 쐴 수 있는 시간이다. 비전교회의 사모님들은 외출하는 일이 거의 없다. 사람들을 만나도 자신의 이야기를 꺼내 놓기 힘드니 아예 밖을 나서지 않는 것이다. 목회 코칭 시간은 참여하는 사람들 사이에 교집합이 많은 모임이다. 이 시간을 통해 사모님들 역시 응어리진 마음을 풀어낸다.

목회 코칭 세미나

목회 코칭은 매달 첫 주 목요일에 진행된다. 목회자들이 모이면 여선 교회가 식사부터 정성껏 대접한다. 그리고 1시부터 3시까지 구체적인 목회 매뉴얼을 제공한다. 목회자의 믿음 치유부터 비전 리메이크, 예배 와 기도 리메이크, 전도 리메이크, 심방 리메이크, 양육 리메이크, 설교 리메이크, 교회학교 부흥 방안 등이다.

3시부터는 실제적인 설교 클리닉을 진행한다. 클리닉을 신청한 2명 의 목회자가 15분씩 설교하면 그것을 비평하고 토론한다. 목회자들이 가장 어려워하는 순간이다. 처음엔 야심차게 시작했다가 15분이 끝날 때쯤이면 누구든 땀을 뻘뻘 흘렸다.

설교 클리닉을 하는 이유는 비전교회의 목회자들을 지적하거나 깎 아 내리려는 것이 아니다. 오히려 세워 주기 위함이다. 비전교회의 특 성상 성도가 적다보니 자칫 설교 준비를 게을리하거나 소홀할 수 있다. 또 안일함에 빠져 깊은 성경 연구로까지 이어지기가 쉽지 않다. 그런데 설교 클리닉에는 듣는 사람이 많고 평가하는 시간도 있기 때문에 그날 만큼은 충분한 공부와 묵상으로 풍성한 설교를 준비한다. 이것은 설교 를 듣는 교인들만을 위한 것이 아니라, 목회자 자신에게도 매우 필요한 부분이다. 설교가 단단치 못한 강단(講壇)은 강단(剛斷) 없는 목회자를 만든다.

"하나님 말씀을 아멘으로 받으면 다 은혜지, 누가 누구 설교를 평가합니까?"

하나님의 말씀이야 늘 꿀송이처럼 달지만, 귀가 열리지 않은 성도들에게는 이야기꾼의 역할이 큰 법이다.

쉬는 시간에는 그 달의 전도 용품을 신청하도록 한다. 교회부흥세미나는 20만원 상당의 전도 용품으로 재정을 지원한다. 교회는 각자의 사정에 맞게 전도지를 비롯하여 물티슈, 만능 클리너, 소금, 잡곡, 팝콘 기계, 솜사탕 기계, 붕어빵 기계 등등을 신청한다.

마지막 시간에는 한 달 간의 목회 보고서를 점검한다. 전도는 몇 명 했으며, 예배 인원이 늘었는지 줄었는지 확인한다. 언젠가 한 번은 이런 일이 있었다. 여느 때와 다름없이 한 달간의 목회 보고서를 점검하던 중이었다. 목회 보고서는 모두가 들을 수 있도록 내가 앞에서 읽는다.

"이번 달은 한 주에 전도를 두 번 나갔고, 새 신자는 없었군요."

몇 개 교회의 목회 보고서를 읽는데 한 교회의 보고서 위에 빨간 글씨로 이렇게 써 있었다.

"목사님, 저는 개 교회의 전도 상황을 얘기해 주지 않으시면 좋겠습니다. 이 시간이 너무 싫습니다. 이 시간 때문에 세미나에 오는 게 싫습니다."

나는 가슴이 철렁 내려앉았다. 사람들이 느낄 이런 마음을 모르지 않왔다. 오히려 그 마음을 알기 때문에 더 한 것이다. 부끄러워서라도 전도하게 하려고, 부담이 되어서라도 전도하게 하려고 한 것이었다. 그만큼 전도는 생명을 걸고 해야 하는 교회의 사명이기 때문이다.

서로가 이 마음이 통하지 않았다는 것을 알고 나니 서운한 마음이 물밀 듯이 밀려왔다. 우리의 노력과 애씀을 수치로 확인하는 일은 늘 마음이 힘들다. 하지만 그 시간을 엄격하게 하지 않으면 더 노력하지 않음을 잘 안다. 수년 간 안 되는 교회였는데, 죽기를 각오한 노력이 없이는 될 리가 없다.

모일 때마다 '나는 자립의 기수(旗手)'를 외쳤다. 예수 학문이 아닌 예수 정신을 강조했다. 나의 지식과 노력을 넘어서는 성령의 기름부으심을 가르쳤다. 결과는 놀라웠다. 11개월 만에 자립하는 교회들이 나타난 것이다. 본인들도 놀라고, 나도 놀랐다. 기독교 언론들은 더 놀랐다. 앞다투어 한국 교회의 새 바람을 보도했다. 다들 안 된다고 고개를 가로젓던 교회, 사람은커녕 개미 한 마리도 보이지 않던 지역의 목회자들이 마음을 바꾸고 불같이 기도하며 직접 전도 현장에 뛰어들어 도전하니 기적이 일어난 것이다. 해가 갈수록 간증은 넘쳐 났다. 이러한 코칭이 빛을 발해 자립화 비율이 점점 늘었다.

3월에 시작한 목회 코칭에 참석한 비전교회의 예배 출석 인원은 평균 15명이었는데 12월에 평균 24명이 되었다. 3월 대비 54.9퍼센트의 성장률을 보인 것이다. 또 예배에 50명 이상 출석하는 교회가 3교회, 30명 이상 출석하는 교회가 12교회가 되었다(2014년 기준).

목회 코칭 뒷이야기

11년 동안 목회 코칭을 하며 만난 사람이 무려 800명이다. 비전교회에 선정된 이들도 있었고, 지원은 안 받아도 괜찮으니 코칭만이라도 듣게 해달라는 사람들도 있었다. 모두가 일 년 간의 여정 가운데 파선하지 않으면 좋겠지만 안타깝게 중도에 그만두는 사람들도 있었다.

대부분은 피치 못할 사정 때문에 탈락한다. 비전교회의 목회자들은 건강을 챙길 여력이 없다. 갑자기 쓰러지거나 심하게 앓아 못 오는 경우도 종종 있다. 또 너무 먼 거리에서 오다 보니 지치는 경우도 있다. 그렇지만 원리 원칙에 맞춰 그 어떤 사정도 봐주지 않는다. 우리가 전도해야 하는 대상은 우리의 상황을 봐주며 기다리지 않기 때문이다. 영혼 구원에는 적당한 때가 없다. 건강이, 날씨가, 개인 사정에 맞춰 휴가 날짜를 정하듯 전도의 때를 정할 수 있는 것이 아니다. 성도는 내 상황을 봐가며 찾아오지 않는다. 언제나 불시에 찾아오는 것이 성도이고 영혼이다.

설교 클리닉에 불만을 표현하는 사람도 있었고, 전도 용품 대신 돈으로 주지 않으면 안 오겠던 사람도 있었다. 그냥 연락 없이 안 오는 사람들도 있다. 무소식이 희소식이라던데 잘 지내고 있으리라 믿는다.

정말 안타까운 사연도 있었다. 목회 코칭 며칠 전, 한 사모님께서 교회로 전화를 주셨다.

"저는 이번 비전교회로 선정된 OO교회 사모입니다."

수화기 너머로 떨리는 목소리가 고스란히 전해졌다.

"저희 목사님이 어제 교통사고가 났는데 지금 병원에서 매우 위독하다고 합니다. 기도 부탁드립니다. 곧 목회 코칭 날이라 연락드렸습니다."

사모님은 이번엔 불가피하게 목회 코칭에 참석하지 못할 것 같다며 우셨다. 거듭 기도를 부탁하는 그 음성에 나의 애간장이 다 녹았다. 그리고 오래지 않아 목사님의 부고가 들려왔다. 나는 오후 일정을 모두 취소하고 그길로 조문에 나섰다. 그곳에서 사모님을 만나 뵙고 작은 위로를 전해 드리고 왔다.

비전교회에는 눈물 없이는 들을 수 없는 사연들이 많다. 다 같은 한국 교회인데, 하나님을 향한 마음만큼은 누구에게도 뒤지지 않는 사람들인데, 왜 이렇게 고통받는 사람들이 많을까? 이것을 하나님이 허락하신 그릇의 차이라고 하기에는 너무나 잔인하다. 달란트의 차이가 아니다. 믿음의 차이도 아니다. 이 부분에 대해 매번 설교하고 코칭하는 나이지만 하나님께 계속 묻고 싶은 질문이다.

설교 클리닉으로 설교가 변하다

아름다운교회 이야기

저는 2004년부터 2013년까지 9년간 자메이카에서 사역했습니다. 그러다가 2013년 8월부터 국내 목회를 시작했습니다. 선교지로 나가기 전과 귀국 후의 한국 사회 분위기가 많이 달랐고, 전도 환경도 변한 것을 느꼈습니다. 이전에는 몇 번 찾아다니면서 전도하면 전도가 되었는데, 요즘은 일 년 이상을 찾아다녀도 전도가 되지 않았습니다.

처음 부임했을 때 30명 가깝던 교회 성도가 하나 둘 줄기 시작했습니다. 1년이 지나자 예배 출석 인원이 20명 이하로 떨어졌습니다. 어찌할 수 없다는 무력감과 좌절감이 들기 시작했습니다. 길을 찾기 위해, 돌파구를 찾기 위해 많이 고민했습니다.

그러던 중에 같은 지방 동료 목사님이 교회부흥세미나 참석을 권했습니다. 그래서 2015년 2월 상계교회에서 열리는 세미나에 함께 참석했습니다. '순교의 영성'이라는 주제였습니다. 순교를 각오한다면 못 할 일이 없겠다는 생각이 들었습니다. 세미나에서 큰 은혜를 받은 후 비전교회 선정에 지원했는데, 마지막 제비에 뽑히는 은혜를 입었습니다.

선정된 후에는 매월 목회 코칭 세미나에 참가하고, 설교 클리닉도 받았습니다. 강한 동기를 부여하는 전도 메시지와 목회에 대한 실제적인 내용들이 저의 막막하던 목회에 빛을 비추어 주었습니다.

"주 안에서 하면 된다", "목회는 믿음으로 한다"라는 서길원 목사님의 신앙적인 열심이 저의 가슴에 불을 붙여 주었습니다. 그 후로 거의 매일 전도하러 다녔습니다. 상계교회에서 지원해 주신 전도 용품을 나누어 주며, 어떻게든 사람을 만나고, 기회를 보아 복음을 전했습니다. 특별히 부부 동반으로 목회 코칭 세미나에 참석하는 가운데 아내가 전도의 불을 받았습니다. 얼마나 열심히 전도를 하는지 제가 따라가기가 힘들 정도입니다. 아내의 전도에 힘입어 우리 교회에는 남자 성도들이 훨씬 더 많습니다.

목회와 전도에 다양한 방법을 활용하라는 서 목사님의 긍정적인 메시지가 저에게 큰 격려가 되었습니다. 특별히 어떤 방법으로든 성전을 채우면 하나님께서 예배 참석자도 채워 주신다는 말씀이 도전이 되었습니다. 그 후로 우리 교회는 떡도 자주 대접하고, 행사를 자주 열었습니다. 교회 생일이라고 인근 분들에게 초청장을 돌리고 잔치를 열었습니다. 교회 절기에는 무조건 이웃을 초청하여 잔치를 열었습니다. 미용 봉사 전도도 하고, 바자회도 열었습니다. 노인 부업거리도 제공하고, 의료 봉사도 할 계획입니다.

한 명 두 명 전도가 되긴 하는데 괄목한 만한 열매가 나타나지 않고 있었습니다. 그런데 2015년 여름, 상계교회 목장 식구들이 아웃리치를 나와 주었습니다. 한 여름에 구슬땀을 흘리며 아파트 전도, 노방 전도를 함께했습니다. 그때 큰 감동을 받았습니다. 그 분들이 우리 아름다운교회 성도의 입장이 되어서 우리 교회를 자랑하고, 부족한 저를 좋은 설교자라고 칭찬하며 아름다운교회에 와서 신앙생활을 하라고 권하는데, 너무 감사하면서도 부끄러움을 느꼈습니다. 저는 결코 좋은 설교자가 아니기 때문입니다. 상계교회 목장 식구들이 아웃리치를 다녀 간 후 20여 명이 겨우 되던 예배 인원이 30명을 넘어섰습니다.

저는 설교를 잘 못합니다. 그런데 목회 코칭 세미나를 통해서 설교 클리닉을 받았습니다. 저 자신이 직접 설교한 후에 클리닉을 받기도 하고, 다른 설교자들이 설교하고 클리닉을 받는 모습을 경청하며 좋은 설교를 배웠습니다. 서 목사님의 총평이 아주 예리하고 실제적입니다. 이렇게 클리닉 받은 내용들을 실제 설교에 적용하면서 설교가 바뀌고 있다는 소리를 듣고 있습니다.

그런데 제 아내가 설교 클리닉하는 것을 몇 번 지켜보더니, 교회에서 매주 설교 클리닉을 하자고 제안했습니다. 제가 설교 리허설을 하면 자기가 클리닉을 해주겠다고요. 그래서 매주 자체 클리닉을 하는데 서 목사님께 배운 대로 제법 날카롭게 지적하며 고쳐 줍니다. 영 아니다 싶으면 두 번 세 번도 합니다. 설교가 조금씩 나아지면서 예배 참석 인원이 40명을 넘어섰습니다. 지금은 설교가 좋다는 말도 가끔 듣습니다. 요즘은 제 설교에 은혜 받았다는 인사도 받습니다. 그런데 40명 넘어서자 계속해서 부흥이 일어나고 있습니다. 드디어 2016년 1월에는 50명을 넘어섰습니다. 53명이 모여서 예배를 드리며 하나님께 영광을 돌렸습니다.

새신자들이라 참석률이 들쭉날쭉하지만, 이제는 전도할 수 있다는 자신감이 생기고 있습니다. 상계교회 서길원 목사님을 통해 1년만 더 목회 코칭을 받을 수 있다면 금년 중에 100명 성도를 넘어서리라고 확신합니다.

chapter 05

교회부흥세미나 10년의 세월

하나의 세미나를 10년이 넘게 지속하는 일은 쉬운 일이 아니다. 나 역시 많은 고비를 넘어 왔다. 혼자 했으면 절대로 하지 못할 사역이다. 따로 외부의 팀을 꾸려서 했다면 과연 이것이 10년 동안 지속되었을 지는 의문이다. 고백하건대 10년이 넘게 세미나를 진행할 수 있었던 이유는 그것이 개인의 비전이 아닌, 상계교회의 비전이었기 때문이다.

나의 사역 철학이 평신도를 사역자로 세우는 것이었지만, 사실 이렇게까지 발 벗고 나설 것이라고는 예상하지 못했다. 우리 모두 죽을 각오로 세미나에 달려들었다. 나도 그렇고 교회도 그렇고 성도들도 그랬다. 특히 우리 교인을 생각하면 지금도 마음이 뜨거워진다. 세미나 전에도 열심히 신앙생활하던 이들이었다. 그런 그들이 봇짐하나를 더 얹어 비전교회를 위해 애쓴다. '나를 만나지 않았다면 이렇게까지 수고하진 않았을 텐데'라는 생각에 미안한 마음이 들기도 했다.

내가 맨 처음 비전교회 세미나를 하겠다고 말했을 때 성도들의 반응이 생각난다.

"목사님, 그럼 우리는 뭐하면 되나요?"

그 말에 나는 더할 나위 없는 기쁨과 행복, 그리고 감사를 느꼈다. 그래서 시작된 것이 교회부흥세미나를 위한 기도회다. 기도하지 않고 일하면 우리가 하지만 기도하고 하면 주님이 일하신다.

교회부흥세미나 일주일 전부터 특별 새벽 예배를 시작한다. 예배당 앞에 사전 등록한 교회들의 이름이 적힌 카드를 놓는다. 성도들은 그 카드를 한 장씩 뽑아 거기에 적힌 교회의 이름을 불러가며 기도한다. 그리고 마지막 날에는 카드 뒤에 응원과 기도의 글을 적어서 세미나 당일 접수 때 그 교회 목회자에게 전달한다. 또 세미나 전 주일 저녁에는 전교인이 합심하여 강사님의 컨디션, 날씨, 오시는 목사님들의 안전, 준비한 행사가 차질 없이 모두 진행되는 것 등등을 위해 부르짖어 기도한다.

사실 비전교회와 상계교회 성도들이 무슨 상관이 있겠는가. 성도가 직접적으로 은혜받는 부흥회나 수련회도 아니니, 어찌 보면 외부 행사라고 여길 수도 있다. 괜한 일로 소란하게 한다고 생각해도 이상할 것이 없다. 그럼에도 우리 교인들은 자기 일보다 더 열정을 내어 세미나를 준비한다. 몸이 부서져라 주방에서, 주차장에서, 방송실에서, 행정실에서 봉사한다.

많은 사람이 이러한 사역에 기도와 재정을 집중적으로 투자하고, 성도가 목회자에게 협력할 방법과 노하우를 물어온다. 답은 간단하다. 목회자가 욕심을 버리고 주님의 교회를 만들겠다고 선언했더니 거기에 공감한 성도들이 자연히 따라온 것이다. 이 세미나는 우리 상계교회를 배불리려는 일이 결코 아니다. 오히려 우리가 가진 것을 드려서 하는 일이다. 그러나 나는 확신한다. 이것이 우리 개인에게는 삶의 원동력이 될 것이고, 영적인 북동풍의 시작이 될 것이다.

비전교회를 후원하는 목장

우리 교회의 자랑인 목장은 교회부흥세미나 사역에도 여전히 든든한 기둥이 된다. 세미나에서 목장이 맡는 역할은 실로 대단하다. 가장 큰 역할은 세미나에서 비전교회로 선정된 한 교회를 두 목장이 맡아 후원하며 기도하는 것이다. 목장 집회 때 비전교회를 위해 기도하고, 그날의 헌금은 모두 비전교회를 위해 쓴다. 목회자들도 매주 토요일마다 회의하며 예배할 때, 한 교회를 기도와 재정으로 섬긴다. 이와 같은 섬김 덕분에 2006년에 섬겼던 비전교회는 20개였는데 지금 80교회까지 늘어날 수 있었다.

이렇게 목장이 비전교회를 위해 섬기다 보니 한 번도 간 적 없는 교회지만 꼭 가족 교회처럼 여겨지기 시작했다. 어떨 땐 그 친근감이 넘쳐서 비전교회의 연락처와 주소를 물어보고, 과도한 애정(?)을 쏟기도 했다. 그래서 지금은 후원하는 비전교회 목회자의 연락처를 알려 주지 않는다. 교회를 통해서가 아닌 개인적인 헌금이나 지원 약속도 금지하고 있다. 혹여나 우리의 관심이 간섭이 될까 걱정이 되어서다. 역시 사랑이 넘치는 교회다.

나는 이러한 성도들의 사랑과 관심을 아름답게 풀어낼 방법이 없을까 고민했다. 그때 생각난 것이 목회 코칭 세미나의 일부였던 '전도 훈련'이었다. 목회 코칭 기간 중 두 번은 상계교회가 아닌 미리 신청한 비전교회에 모인다. 그곳에서 비전교회의 모든 목회자가 그 교회를 위해 섬기며 전도 훈련을 한다. 상계교회의 '전도 정병단'도 함께 가서 우리 교회의 전도 시스템을 보여 주고 온다. 서로의 영적 야성을 기르는 일석이조의 효과가 있다.

비전교회라고 해서 하고 싶은 게 없는 것이 아니다. 함께 나가서 전도도 하고 싶고, 여러 가지 프로그램도 하고 싶을 것이다. 그렇지만 함께 할 동역자가 없는 것이 현실이다. 당장 교회가 필요한 건 물질과 전도 용품일 수 있겠지만, 결국 그것을 함께 해나갈 든든한 지원군이 더욱 필요하다. 몇 번의 비전교회 전도 훈련을 통해 그 현실을 보고 오니 우리 교회가 해야 할 일들이 명료해졌다.

나는 강단에서 선포했다.

"상계교회 성도 여러분, 올해는 휴가 가는 대신에 부흥의 씨앗을 심읍시다."

매년 여름 진행하던 선교회 수련회를 대신해 '부흥의 씨앗심기'라는 이름으로 목장 아웃리치를 가기로 결단한 것이다. 목장에서 교제하던 사람들이 밖에서 하나의 목표로 모이는 것은 매우 좋은 경험이다. 또한 그것이 하나님 나라를 위한 영적 운동이라면 우리의 삶을 회복시키는 분명한 기회가 된다. 섬김과 선교는 주님의 능력을 경험하게 하고, 천국의 영원한 기쁨을 누리고 맛보게 하기 때문이다.

2013년, 처음으로 '부흥의 씨앗 심기'라는 타이틀로 아웃리치가 시작되었다. 생각보다 많은 사람이 신청해 주었다. 일 년에 단 한 번인 휴가마저 교회 사역을 위해 포기한다는 생각이 아닌, 목장에서 기도하고 후원한 교회를 직접 가보는 것에 설레는 마음이 더 컸다. 또 청년들도 셀(소모임)끼리 모여 아웃리치에 기꺼이 동참해 주었다. 이제 비전교회는 우리가 마음으로 기도하고 후원하는 것을 넘어 우리의 삶과 맞닿아 있는 존재가 되었다.

아웃리치에서는 여러 가지 일을 한다. 전도와 기도는 물론이거니와 성도들이 가진 전문적 재능도 마음껏 발휘한다. 교회 리모델링, 미용 봉사, 성경학교, 영정 사진 찍기, 마을 잔치, 노인 대학 등등이 그것이다. 이것을 위해 하루 내지는 이박 삼일간의 시간을 드린다. 또 비전교회에 조금이라도 부담을 줄까 싶어 전도 용품을 비롯한 모든 것을 다 준비해간다. 우리가 사용할 숟가락부터 먹을 것들, 쓰레기봉투까지 챙겨간다. 목사님과 사모님들이 정말 귀한 존재라는 자부심이 생기도록 정성을 다해 섬기고 온다.

아웃리치를 통한 은혜의 종착지는 성도 개인이 아니다. 사역의 종착지도 우리 교회가 아니다. 오직 그 교회를 위해 섬기러 가는 것이다. 우리의 이름이나 공로를 내세우지 않고 오직 예수 그리스도의 사랑과 그분의 이름만을 남기는 것이 우리의 목표다.

부흥의 씨앗 심기

서울 스타일 _은혜 8 목장

특별하게 비전교회를 섬기며 전도할 방법이 없을까 고민하던 중 목장 모임에서 삶을 나눌 때 미용실을 운영했다고 말했던 성도 두 명이 생각났다. 바로 '이거다!' 싶어 다음 목장 모임 때 목장원들에게 미용으로 비전교회를 섬기는 게 어떻겠냐고 물었다. 목장원 모두 흔쾌히 동의했다. 오히려 더 적극적으로 무엇을 어떻게 준비해야 할지 일사 분란하게 역할을 정했다. 목자는 총괄하는 팀장이 되고, 미용하는 팀, 머리를 감겨 주는 팀, 잘린 머리카락을 청소하는 팀, 차량 운행팀, 전도하는 팀으로 나누었다.

반응은 정말 성공적이었다. 교회는 시골 안쪽에 위치해 있어 마을과는 조금 거리가 있었다. 그래서 차를 타고 동네로 나와 교회에서 미용봉사를 해준다며 전도했다. 어르신들이 어느 정도 모이면 차로 교회까지 간 후 미용을 해드리고 다시 집까지 모셔다 드렸다.

싹둑싹둑. 집사님들의 화려한 가위질이 시작되었다.

"어르신, 이거 서울 스타일이에요!"

"머리가 참 맘에 드네. 여기 계속 살면서 내 머리 좀 해줘."

머리를 만지면서 복음을 전하니 적어도 15분은 꼼짝없이 싫든 좋든 앉아서 말씀을 다 들어야만 했다. 직접 가위질하시던 집사님은 귀여운 협박을 하기도 했다.

"할머니, 내일부터는 귀찮으시더라도 꼭 교회에 다시 나오셔야 해요. 지금 저랑 약속 안하시면 머리 뒤에 땜빵 만들어 드릴 거에요."

"아이고 내가 우리 미용사 선생 무서워서라도 꼭 나와야겠네."

오전 11시부터 오후 4시까지 40명가량 미용을 해드렸다. 한 분도 자른 머리가 맘에 안 든다고 불평하지 않으셨다. 나중에는 허리도 아프고 가위 잡은 손을 움직이는 것도 힘들어졌다. 그러나 작은 섬김으로 어르신들이 행복해하고, 교회 역시 오랜만에 북적북적한 사람들로 새 힘을 얻으니 마음은 한없이 가벼웠다.

한번은 차를 세우고 전도하러 아이들과 함께 마을로 걸어가는 중이었다. 갑자기 소나기가 퍼붓기 시작했다. 피할 곳을 찾다가 간신히 큰 나무 아래로 숨었다. 순식간에 멋진 전도대의 모습이 비 맞은 생쥐가 되어 버렸다.

"에잇, 갑자기 웬 비람."

젖은 머리를 털며 투덜대고 있었는데 저 멀리서 할머니 한 분이 올라오셨다. 그때 한 아이가 전도지를 들고 달려가 할머니에게 전도지를 내밀었다.

"할머니, 예수님 꼭 믿으세요."

할머니는 아이를 잠시 바라보시더니 돌아서려는 아이를 붙잡았다.

"잠깐 기다려 봐."

그리고는 주섬주섬 고쟁이를 들추고는 아이에게 꼬깃꼬깃한 만원 한 장을 꺼내 손에 쥐어주셨다. 손자 같아서 그러셨는지 비에 젖은 모습이 불쌍해서 그러셨는지는 모르겠지만, 아이는 멋쩍게 만 원짜리 한 장을 손에 들고 돌아왔다. 우리는 예상치 못한 상황에 당황해 크게 웃지도 못하고 멋쩍게 서로의 얼굴을 바라보았다. 이것도 하나님께서 수고했다고 주신 선물인지는 모르겠지만 그때를 생각하면 여전히 마음이 훈훈하고 우리를 도구로 사용하여 주심에 감사할 뿐이다.

다리가 부러져도 _소망 4 목장

아웃리치를 떠난 날은 35도를 웃도는 폭염의 날씨였다. 교회 학교 교사가 많은 목장이라 성경 학교를 계획하고 떠났다. 우리 교회의 전도 명물인 런닝맨 조끼를 입고 나갔는데 아이들은커녕 어른들조차 보이지 않았다. 바깥에 5분만 서 있으면 모든 투지가 사라질 정도로 축축 늘어지는 날이었다.

"우리 이렇게 길에서 아이들을 기다리면 안 되겠어요. 직접 찾으러 갑시다."

우리는 봉고를 몰고 아이들을 찾아다녔다. 그래서 아이들 한두 명만 보이면 바로 내려서 전도를 시작했다. 아이들은 런닝맨 복장에 매우 흥미를 보였다.

"얘들아 안녕, 우리는 원흥제일교회에서 온 선생님들이야. 선생님 등에 있는 이름표 떼는 친구는 내일 하는 성경학교에 오면 선물 줄게!"

아이들은 정말 신나게 우리의 이름표를 뜯었다. 우리도 적당히 피하는 척하면서 이름표를 뜯겨 주었다. 그래야 성경 학교에 와서 선물을 받기 때문이다.

그렇게 몇 시간을 전도하다 마지막으로 제일 처음 갔었던 교회 근처 공원을 한 번 더 들렸다. 가는 도중 남매를 만나게 되었다. 아이들은 런닝맨 이름표에 관심을 갖더니 나중에는 우리와 친해졌다. 아이들은 교회에 나오겠다고 결심했고 전도를 맡은 집사님은 너무 기뻐 뛰다가 발이 꺾이기까지 했다. 아이들을 보내고 난 후 차에 올라타는데 집사님이 심하게 발을 절뚝거렸다.

"괜찮으세요? 발등이 주먹만큼 부어올랐어요."

"꽤 아프네요. 오 분이 다섯 시간 같았어요."

부랴부랴 집사님은 상계동으로 돌아갔고 직감대로 발등 뼈가 부러진 것을 알게 되었다. 목장원들 모두가 걱정이 되어 물어봤더니 집사님의 대답이 압권이었다.

"걱정 마세요. 주님 일하다 받는 고난은 하늘에서 상급이 크다는데, 아마도 하늘에 있는 저희 집에 큰 문짝 하나 달렸을 거예요."

그리고 그다음 날 열릴 여름 성경 학교를 위해 집사님은 비전교회로 다시 돌아왔다. 다리는 부러졌지만 순종하는 마음으로 맡았던 순서인 찬양과 레크리에이션을 차질 없이 진행했다. 그때만큼은 부러진 다리가 하나도 안 아팠던지 돌이켜 생각해 보면 평소보다 더 많이 움직였던 것 같다.

아웃리치가 끝난 후 다시 모인 목장 모임에서 집사님이 이런 간증을 나누었다.

"회사 동료들이 돈 쓰고 몸 다치면서까지 황금 같은 휴가를 왜 교회 일에 쓰냐고 묻더라고요. 그래서 저는 그냥 웃었어요. 제가 가진 아이들을 향한 마음과 하나님께서 아이들을 사랑하시는 그 마음을 그들이 알 수 있을까요? 저는 오히려 다친 발이 자랑스러워요."

우리의 시간과 물질을 아이들에게 투자하는 것에 조금도 손해 본다거나 아깝다고 생각하지 않는다. 오히려 아이들을 전도하기 위해 사용한 물질과 시간이 있음에 감사하다. 아이들을 향한 하나님의 마음을 느낄 수 있음에 감사하고, 아이들을 통해 앞으로 하나님의 나라가 더 단단하게 세워질 것을 기대한다.

각설이 타령 _노인대학 사역팀

아웃리치를 떠날 때 가장 먼저 챙긴 것은 음향 장비였다. 그리고 공연을 위한 의상과 소품이었다. 우리가 가는 비전교회는 속초 바닷가였는데 뱃일을 하는 사람들이 많아 무당굿이 일상이라 교회가 휑하다고 했다. 전도를 하러 나갔는데 정말 반응이 차가웠다. 하지만 우리는 굴하지 않고 교회 안을 새로이 단장하고 음향 장비를 동원하여 시끌벅적하게 노래를 틀었다. 그러자 굿 하시느라 교회는 쳐다보지도 않던 어르신들이 삼삼오오 짝을 지어 오시더니 준비해간 뷔페 60인분이 동이 날 정도로 자리가 넘쳤다. 노인대학팀의 경험이 빛을 발하는 순간이었다.

어르신들이 가장 좋아하는 시간은 각설이 타령 시간이다. 권사님 두 분이 양 볼에 검은 칠을 하고 딸기코 분장을 한 뒤 머리에 띠를 띠고 각설이 복장으로 온 몸을 흔들어 대신다. 이때는 체면이고 뭐고 없다. 그렇게 신나게 놀면 교회에 안 오겠다고 버티던 이들의 마음이 활짝 열려, 찬양의 흥겨운 박자에 맞춰 춤을 추신다. 어찌나 춤을 잘 추시는지 굽어진 허리도 펴질 지경이다.

사실 이 권사님들은 교회에서도 예쁘고 점잖기로 소문난 분들이다. 그런데 어르신들을 섬기겠다는 열정 하나로 애쓰시는 모습은 함께 사역하는 사람들에게도 은혜가 된다. 모인 사람 모두가 행복한 시간이다.

그날 오신 분들은 교회라는 곳을 살아생전 처음 오신 분들이 대부분이었다. 우상을 섬기는 지방색으로 인해 교회 가면 큰일 나는 줄 알고 살아오신 분들이었다. 그런데 아웃리치를 통해 교회에 발을 내디딘 것이다. 교회는 가면 큰일 나는 곳이 아니라 즐거운 곳이라는 것을 아시게 되었다.

노인들은 누구보다 거칠고 척박한 세월을 살아온 만큼 마음의 상처가 많다. 인색하게 구는 것이 당연하고, 거친 말을 해야 자신을 보호할 수 있다고 생각한다. 그러나 대가를 바라지 않는 섬김, 따뜻한 말에 그들의 얼어붙은 마음이 녹았다. 그래서 아웃리치 사역을 절대 멈출 수가 없다.

고품격 음악회 _사랑 17,18 연합목장

사랑 18목장은 17목장에서 분목한 목장으로 엄마와 자녀 목장이다. 이 두 목장이 아웃리치를 위해 다시 뭉쳤다. 처음에는 성경 학교만 계획했는데 어른을 위한 프로그램이 없을까 고민하다가 목장 식구인 조은화 집사님이 생각났다. 조 집사님은 우리 교회 3부 성가대의 지휘자이다. 집사님을 중심으로 남성 중창과 집사님의 독창, 아웃리치로 수고한 모든 분과 아이들의 합창을 준비했다.

어린이 성경학교는 말 그대로 아이들의 놀이터였다. 오전에는 풍선으로 아치를 만들어 교회 앞에 세워놓고 전도를 다녔다. 총 15명의 아이들이 모였는데 건강한감리교회 역사상 가장 시끌벅적하고 생기 있는 캠프였다며 목사님이 함박웃음을 지으셨다. 또 아이들이 조별로 직접 만든 옷을 뽐내는 시간도 가졌다. 초등학교 3,4학년 아이들이었지만 워킹할 때의 표정이 얼마나 진지하던지 밀라노 쇼의 모델이라도 된 듯했다.

성경 학교의 마지막은 부모님과 함께하는 음악회였다. 긴 시간 준비하지는 못했지만 나름대로 화음을 맞춘 남성 중창단이 등장했다. 흰 와이셔츠에 검은 나비넥타이를 맨 모습에 몇몇 사람들이 '펭귄 가족'이라며 놀리기도 했다. 우리를 보고 웃는 모습에 행복해져 더 목소리를 내며 찬양했다.

조 집사님은 드레스를 갖춰 입고 전문 성악가의 면모를 마음껏 뽐내 주셨다. 덕분에 화려하고 수준 높은 음악회 분위기가 형성되었다. 하루하루 일하느라 음악회 한번 다녀올 수 없는 사람들의 마음에 평안을 주는 시간이었다.

비전교회에서 문화 사역은 엄두도 내지 못하는 부분이다. 사역자를 초청하는 비용도 문제지만 설령 초청해도 보러 오는 사람이 적기 때문이다. 믿음으로 시도하기엔 쉽지 않은 것이다. 그래서 이런 문화 사역은 비전교회의 사역 범주에 들어가기 어렵다.

사실 이 문제는 비전교회뿐 아니라 어느 정도 규모가 있는 교회에서도 마찬가지다. 교회 내에 인물이 있다면 좋겠지만, 그런 인물은 이상하게도 키워놓으면 다른 데로 가기 일쑤다. 그렇기 때문에 감당할 능력이 있는 교회에서 전문적인 팀을 만들어 비전교회의 문화사역을 후원해야 한다고 생각한다. 특히 오지나 시골 마을에서는 예술을 텔레비전에서만 접하곤 한다. 그런 상황에서 아웃리치를 통해 예술을 향유하는 것은 어른뿐 아니라 아이들의 시야를 넓혀 주는 아주 귀한 일이라고 생각한다. 감성 터치뿐 아니라 비전 터치까지 되는 것이다.

찰칵 찰칵 _기획위원 부부 목장

기획위원 목장은 우리 교회 총 16분의 장로님과 부부 권사님들로 이루어졌다.

"어떻게 장로님들이 직접 아웃리치를 나오십니까?"

"장로란 직분이 뭐 그렇게 대단하겠습니까. 이 직분은 우리가 먼저 발로 뛰고 섬기라고 주신 직분이기에 당연한 일을 하는 거지요."

이렇게 대답하시는 장로님들은 상계교회의 큰 자랑이다. 그리고 장로님들이 받은 은사대로 사역하는 것도 상계교회의 특징이다. 기획위원 중 한 분인 유영준 장로님은 사진 찍기에 취미가 있으시다. 아웃리치를 계획하고 나서 유 장로님이 한 가지 아이디어를 제안하셨다.

"어르신들 영정 사진을 찍어드리는 것이 어떨까요?"

번뜩이는 아이디어에 모인 모두가 박수를 치며 찬성했다. 그 길로 사진을 찍을 간이 스튜디오를 만들기 위해 배경 현수막을 준비했다. 그리고 할머니들을 예쁘게 단장시켜 드릴 미니 분장실도 준비해 갔다.

평택에 위치한 비전교회에 도착하자마자 한가득 챙겨온 전도 용품을 풀고 마을 곳곳에 흩어져 전도를 시작했다.

"저쪽에 있는 백봉교회 앞에서 영정사진을 찍어 드려요. 그리고 백숙도 준비했어요."

얼마간의 시간이 지나자 한두 분씩 어르신들이 교회 앞으로 모이셨다. 할아버지 할머니 상관없이 고운 분과 예쁜 립스틱을 발라드렸다. 단장 후 거울로 보신 어르신들 모두 부끄러워하면서도 기뻐하는 눈치였다.

"찰칵, 찰칵" 소리가 날 때마다 어르신들 모두 "나 잘 나왔수?" 하고 물어보셨다.

"예, 꼭 천사 같습니다. 어르신."

사진을 찍어드리며 예수님과 천국을 전하는 것도 잊지 않았다. 얼마 남지 않은 인생이지만 꼭 예수 믿고 천국가시길 소망하는 마음으로 셔터를 눌렀다.

저녁 시간에는 권사님들이 교회에서부터 직접 준비해간 60인분의 삼계탕을 대접했다. 말이 60인분이지 그 더위에 보통일이 아니었다. 그래도 이열치열이라고 땀을 뻘뻘 흘리면서도 준비하는 손길과 마음은 설렌다. 평소에도 자주 먹는 삼계탕이었지만 이날 먹었던 삼계탕은 더 맛있고, 더 뜨겁고, 더 배불렀다.

진정한 달란트 잔치 _감사 22, 사랑 10, 주차팀, 전도팀 연합 목장

천안의 비전교회에서 리모델링 요청이 들어왔고 건축 일을 하시는 나석춘 권사님의 주도로 대규모 아웃리치 팀이 꾸려졌다. 아웃리치 전날 무엇이 필요할지 파악하기 위해 사전 답사를 갔다. 우선 지하 교회라 습하고 공기도 탁했다. 계단과 천장, 벽면은 새로 페인트를 칠하고 도배를 해야 했다. 게다가 교회에 강단이 없어 목사님이 설교하실 때 성도들에게 가려 잘 보이지 않았다.

"목사님, 강단 없이 어떻게 설교 하셨어요?"

"그러네요. 여태껏 성도들과 눈이 잘 마주친다고만 생각했어요."

다시 교회로 돌아와 부랴부랴 강단을 위한 나무 자재를 맞춤 제작했다. 벽지, 풀, 페인트까지 준비하려니 다른 아웃리치 팀보다 재정의 부담이 컸다. 그러나 후원의 손길로 재정이 넘치도록 채워지고, 남은 재정은 감사헌금으로 드릴 수도 있었다.

아웃리치 당일, 아침 일찍부터 뚝딱거리며 리모델링을 진행했다. 주차팀은 "중년 남자, 아직 죽지 않았다!"는 농담을 하며 힘을 썼다. 함께 간 아이들과 전도팀 역시 바깥에서 구슬땀을 흘리며 예수님과 교회를 전했다. 저녁이 다 되어서야 리모델링이 끝났고 전도를 마치고 돌아온 팀들이 감탄을 내뱉었다.

"우리가 아침에 왔던 교회가 맞나요?"

한층 밝아지고 깨끗해진 예배당처럼 우리의 마음도 환해졌다. 아웃리치를 마치고 돌아와서 들은 소식은 우리를 더욱 행복하게 했다. 교회를 리모델링한 후 상가 위층에 있던 피아노 학원에서 교회를 음악회 장소로 쓸 수 있냐는 요청이 들어왔다고 했다. 목사님은 흔쾌히 수락했고, 음악회로 인해 60명 정도의 인원이 성전에 가득 차게 되었다. 덕분에 지하에 있는 교회였지만 자연스럽게 홍보가 되었고, 피아노 학원에서도 예수님을 전할 수 있는 시간을 따로 마련해 주어 잠시 복음을 전하기도 했다는 것이다. 아웃리치팀의 헌신과 수고가 예상치 못한 열매를 맺게 했다.

아웃리치를 통해 하나님 나라에서는 누구 하나 버릴 재능이 없다는 것을 알았다. 우리의 직업이 하나님 나라를 위해 쓰일 수 있을 것이라고는 생각하지 못했다. 직장 생활 20년이 훌쩍 넘어가면, 어느 순간엔 그것이 달란트라기보다는 월급을 받기 위해 하는 일이라고만 여겨질 때가 있다. 그런데 하나님은 아웃리치를 통해 우리가 달란트를 지닌 가치 있는 존재임을 다시금 깨닫게 하셨다. 또 목장원들은 서로 다른 각자의 달란트를 통해 하나의 일을 해냈기에 큰 보람을 느낄 수 있었다. 우리가 한 몸에 많은 지체를 가졌으나, 모든 지체가 같은 기능을 가진 것이 아니다. 우리 많은 사람이 그리스도 안에서 한 몸이 되었다는 하나님의 말씀은 아웃리치를 통해 큰 음성으로 전해졌다. 아웃리치야말로 진정한 달란트 잔치다.

> [6]우리에게 주신 은혜대로 받은 은사가 각각 다르니 혹 예언이면 믿음의 분수대로, [7]혹 섬기는 일이면 섬기는 일로, 혹 가르치는 자면 가르치는 일로, [8]혹 위로하는 자면 위로하는 일로, 구제하는 자는 성실함으로, 다스리는 자는 부지런함으로, 긍휼을 베푸는 자는 즐거움으로 할 것이니라
>
> _로마서 12:6-8

자라게 하시는 하나님

우리는 목장 아웃리치를 통해 부흥의 씨앗을 심었다. 그 씨앗이 비전 교회에서 어떻게 자라날지 우리는 알 수 없다. 오직 하나님께서 자라게

하실 것을 소망할 뿐이다. 그러나 상계교회에서는 이미 씨앗이 꿈틀대며 자라났다. 바로 자신감과 영적 야성의 회복이다.

목장 아웃리치는 성도에게 "할 수 있다"라는 자신감을 확보해 주었다. 무엇보다도 전도의 야성을 개발해 주었다. 새신자의 정착만큼 중요한 것이 바로 밖으로 나가 전도하려는 야성을 갖는 것이다.

또 성도들 중에는 구원받고 은혜받은 감동이 있으나 그것을 사역으로 풀어내지 못하여 "은혜에 보답하지 못하는 마음"에 억눌려 있는 사람들도 있었다. 교회 안에서 하기에는 보는 눈이 많아 부담스럽고, 또 교회 사역이라는 것이 일 년 단위로 꾸준히 해야 하는 것이기 때문에 쉽사리 도전하지 못했다. 물론 아웃리치가 그러한 마음의 짐을 덜어버리고 오는 곳은 아니나 실제로 그런 마음을 해소하기 위해 시작했다던 성도들의 고백이 있었다.

"목사님, 사실은 제가 새벽기도도 잘 못나가고 헌금 생활도 잘 못하고 해서 아웃리치라도 다녀오면 하나님께 덜 죄송한 마음이 들까 해서 시작했거든요. 그런데 아웃리치를 다녀오니까 여태 제가 갖고 있던 마음이 다 헛것이라는 걸 알았어요. 하나님이 보시는 건 제가 새벽기도를 나가는지, 헌금을 하는지가 아니었더라구요. 밖에 나가서 전도를 해보니까 알겠어요. 아, 내가 천하보다 귀한 영혼이구나. 나의 모습이 어떠하든지 간에 나를 사랑하시는 구나!"

생각지도 못한 열매가 '부흥의 씨앗 심기'인 목장 아웃리치를 통해 맺힌 것이다.

매일 150개 계란을 삶다

샘물교회 이야기

사실 누구에게도 부끄럽고 창피해서 말 못할 일이 한 가지 있습니다. 2년 전 전도하겠다고 물티슈를 500개 구입했다가 생각만 하고 엄두를 내지 못한 것입니다. 1년이 지나도록 전도 한 번 해보지 못하고 물티슈는 잘 보관해 놓았습니다. 물티슈를 볼 때마다 마음 한 구석이 찔렸고 하나님께 너무 죄송스러웠습니다. 그러나 그런 생각을 하면서도 몸은 여전히 전도하러 나가지 않았습니다.

"전도를 어떻게 해야 할까? 어떤 방법으로 해야 효과적일까?"를 계속 머릿속으로는 생각하지만 구체적인 방법이 떠오르지 않았습니다. 생각이 났어도 전도하지 못했을 것입니다. 작은 교회의 재정이라는 게 전도를 시작하더라도 꾸준히 하지 못할 것이 분명했습니다. 한 번 전도하고 말 것이라면 뭐 하러 전도하나 하는 생각이 먼저 앞섰던 것입니다. 이렇게 하나님 앞에 이리저리 핑계 대면서 1년을 지냈습니다.

그러던 중 교회부흥세미나에 참석하게 되었고 그곳에서 '계란 전도' 이야기를 들었습니다. 우리 교회에 딱 맞는 것 같아 해보기로 결정하고, 일주일에 두 번 화요일과 목요일 새벽예배를 마치고 7-8시까지 하기로 마음먹었습니다. 그리고 실천에 옮겼습니다. 3월부터 시작했는데 날씨가 추웠습니다. "날씨가 따뜻해지면 해야겠다"라는 유혹도 받았지만 그때가면 또 어떻게 마음이 바뀔지 모르니까 춥더라도 해야겠다는 각오를 가지고 아내와 둘이 시작했습니다.

새벽예배 시작하기 전에 계란 다섯 판, 그러니까 150개의 계란을 가스불에 올려놓고 예배를 마치고 난 뒤 잠깐 기도하고 준비합니다. 계란 1개가 들어갈 크기의 비닐을 남대문에서 구입하고 소금을 넣는 조그만 비닐도 함께 준비해서 넣었습니다. 거기에다 "오늘도 참으로 좋은 아침입니다", "맛있게 드세요"라는 메모도 써 넣었습니다. 그것을 아파트 주민과 빌라 주민들이 출근하는 골목길에 서서 하나씩 나누어 주었습니다. "반갑습니다", "좋은 하루 되세요" 하면서 전도 아닌 전도를 시작한 것입니다.

똑같은 시간대에 전도하다 보니 똑같은 사람을 일주일에 두 번 만나게 되었습니다. 한 달이 지나고 두 달이 지나고 세 달이 지나니까 이제는 만나면 왠지 모르게 반가웠습니다. 그래서 "지난번에는 못 뵈었네요", "오늘은 출근이 늦으시네요", "귀걸이가 예쁘시네요", "옷이 세련되시네요" 하며 한 마디씩 건넸습니다. 그러니까 상대방도 웃으면서 인사하게 되었고 친절하게 대하게 되었습니다. 한 번은 다른 교회 다니는 장로님 한 분이 지나가시면서 "제가 전도해야 하는데 목사님이 대신 하시네요" 그러면서 전도에 보태라고 헌금도 주고 가시고, 어떤 분은 아침부터 수고하신다고 사과나 피로회복제 등을 주고 가시기도 했습니다. 그렇게 수개월 동안 매주 만나게 되니까 누가 출장을 갔는지 누가 아파서 못나왔는지 대략 짐작이 갔습니다. 그래서 오랜 만에 만나면 "어디 아프셨나 봐요", "출장 다녀오셨나요?" 하며 아는 척도 하게 되었습니다.

상계교회의 도움으로 3월부터 전도를 시작했고 12월이 되면 코칭 과정이 끝나게 되는데, 그러면 앞으로 전도를 어떻게 할 것인가 하는 걱정이 생기게 되었습니다. 한 달에 적어도 20만원 이상은 들어가는데 이 비용을 어떻게 마련해야 하나 하는 염려가 들기 시작한 것입니다. 재정이 마련되지 못하면 전도는 더 이상 할 수 없게 되기 때문에 중요한 문제였습니다. 그러던 어느 날 교회에 나온 지 얼마 안 된 한 성도님이 전도 헌금을 한 달에 만원 하시겠다는 것입니다. 생각지도 않은 일이 일어났습니다.

그때 하나님께서 나에게 문제를 해결할 지혜를 주셨습니다. 그래서 직분자들과 함께 이야기했습니다.

"여러분, 지금까지는 상계교회 도움으로 재정에 대한 부담 없이 전도했습니다. 그런데 내년부터는 전도 물품을 준비할 수 없어서 전도를 더 이상 할 수 없게 됩니다. 이렇게 일 년 동안 열심히 씨를 뿌려 놓았는데 여기서 끝내면 어떻게 열매를 거둘 수 있겠습니까? 교회 나온 지 얼마 안 되는 성도도 이렇게 전도 헌금을 작정했는데 우리가 가만히 있으면 됩니까?"

그렇게 해서 한 사람 한 사람 힘을 모아 스스로 전도 물품을 준비할 수 있게 되었습니다. 목회자가 먼저 전도하니까 성도에게 전도하라고 큰 소리를 낼 수 있었고, 교회 분위기도 전도하는 분위기로 바뀌어 전도 축제도 할 수 있는 계기가 되었으니, 모든 것이 은혜입니다. 또한 후원해 주신 상계교회와 서길원 목사님의 사랑 덕택입니다. 일년 동안 전도로 인한 큰 복을 경험하면서 나에게 정말 행복한 한 해였다고 자랑하고 싶습니다.

chapter 06

하나님의 절묘한 도우심

"꿈은 내가 꾸지만 일은 하나님이 하신다."

내가 가장 좋아하는 말이다. 그리고 교회부흥세미나를 되돌아보며 감히 고백하는 말이다. '11111'의 비전을 선포하며 1만 명의 예배자를 꿈꿀 때 하나님은 이미 이 세미나를 계획하셨다는 생각이 든다. 내가 목회하는 교회에서 1만 명이 나오면 좋겠다고 생각했지만, 하나님은 나의 터전을 넘어 각 지역의 비전교회를 통해 1만 명을 세우시는 것이다.

현재 감리교회 4개 연회와 몇몇 교회에서는 교회부흥세미나의 목회 코칭 시스템이 도입되었다. 우리 교회만으로는 감당하기 어림도 없는 일이기에 하나님께서 여러 단체와 교회를 일으켜 주셨다.

세미나 하기 전 두 달 동안은 전화기를 손에서 놓지 못한다. 친구는 물론 선후배와 아는 모든 사람에게 알리기 위함이다. 하나님이 나를 부흥 강사로 쓰시는 이유도 여기에 있다고 생각한다. 많은 사람을 만나게 하신 이유도 여기에 있다고 생각한다. 세미나를 진행하면서 고비의 순간이 많았다. 세미나의 규모가 커지면서 우리 교회의 한계가 느껴지려 할 때마다 하나님은 사람들을 붙여 주셨고, 물질을 공급해 주셨다.

세미나를 진행하면서 비전교회를 더 많이 선정하지 못하는 것에 늘 아쉬움이 있었다. 하지만 교회 재정에는 한계가 있기에 괴로워하던 시점이었다. 그때 지인을 통해 한 병원의 원장님이 전화를 주셨다.

"저는 병원 사역과 선교 사역에 비전이 있는데, 상계교회의 사역에 관심이 갑니다. 제가 찾아뵙고 이야기를 나누어도 될까요?"

나는 돌아오는 목회 코칭 시간에 그 분을 초청했다. 백 마디 말보다 우리의 사역을 보여 주는 것이 더 좋을 것 같았다. 그 분은 정말로 오셨고, 끝나는 시간까지 함께 계셨다. 그 분은 "저의 선교 방향에 더욱 확신이 드는 순간이었습니다"라고 말하며 한 달에 900만 원(30만 원씩 30교회) 후원을 작정하고 가셨다. 나중에 알게 된 사실인데 당시 병원 사정이 좋지 않았다고 했다. 그러나 그럴 때일수록 하나님 나라의 확장을 위하여 헌신하는 것이 하나님께서 원하시는 방법이기에 결단한 것이라는 믿음의 고백을 나누셨다.

상계교회는 부유하지 않다. 그러나 개미 군단처럼 1년에 3억 원을 충당해 주는 성도들이 있다. 매달 식당 봉사, 아웃리치 등으로 수고를 마다하지 않는다. 우리가 먼저 아낌없이 수고하니 뒤따라 도움의 손길들이 온다. 하나님께서 사역을 이루어 가시는 방법은 '절묘하다'라는 말로밖에 설명할 수 없다.

부흥의 단계를 밟아가다

2016년에 교회부흥세미나는 11회 차를 맞았다. 10년이면 강산도 변한다는데 진득하게 이 세미나에 관심과 사랑을 보내 주는 사람들이 있다. 이제부터가 진짜라는 생각이 든다. 그전까지는 여러 목적을 가진 무리가 섞여 있었다면 이제는 정말 부흥하려는 사람들, 부흥의 소망을 꿈꾸는 사람들이 모이는 느낌이다.

"하나님이 왜 이 일을 우리 교회를 통해 하실까?"

"꼭 상계교회여야 하는 이유는 무엇일까?"

나는 그 이유 중 하나가 우리 교회가 크지 않은 중형 교회이기 때문이라고 생각한다. 홍보물을 받고 세미나에 참석하거나, 내가 부흥회를 인도했던 곳에서 우리 교회를 탐방하러 올 때 꼭 하는 이야기가 있다.

"교회가 참 아담하네요."

우리 교회 본당은 650석 규모다. 세미나에 오는 비전교회들이 부흥하여 곧 이룰 교회의 모습이다. 그들이 볼 때 저 멀리에 있는 메가 처치가 아니다. 한 발만 나아가면 닿을 거리에 있는, 가까이에 있는 꿈이다. 그들이 곧 만날 수 있는 현실이다. 바꿔 말하자면 우리 교회 역시 그들과 함께 부흥의 단계를 밟아가는 교회다. 그렇기 때문에 우리는 세미나를 통해 우리가 한 것을 자랑하지 못한다. 사실 우리가 한 것이 없다. 자랑할 것도 없다. 우리 역시 다음 단계로 향한 피나는 몸부림을 쉬지 않는다. 이것을 하나님과 한국 교회가 알아준 것 같다. 방향이 바르고 연약한 교회를 돕자는 데 반대하는 이들을 보지 못했다. 이름도 빛도 없이 헌금하고 기도해 준다.

또 한 가지 이유는 상계교회만의 인간적인 살내음 때문이라고 생각한다. 우리 교회 봉고차에는 '어머니 품속 같은 상계교회'라는 글귀가 붙어 있다. 성도들의 넘치는 정은 비전교회를 섬기는 일등 공신이다. 비전교회를 위해 바자회를 한다고 하면 집에 있는 수저까지 들고 나온다. 어른 권사님들은 삐뚤빼뚤한 글씨로 '리메이크 새미나'라고 쓴 헌금 봉투를 내 손에 쥐어 주신다. 세련미는 없을지 몰라도 투박한 어머니 손길이 있다. 어린 시절 어머니가 고된 일에 시달려 거칠어진 손끝으로 등을 쓱쓱 긁어주시면 얼마나 시원했는지 모른다. 결코 우리가 잘나서 섬기는 것이 아니다. 사랑해서 섬긴다. 오직 사랑이다.

이런 모습을 보며 내가 아니라도 하나님은 상계교회를 쓰실 수밖에 없다는 확신이 든다. 소유한 것보다 더 크게 쓰시는 하나님, 하는 것보다 더 기대해 주는 동료들, 베푸는 것보다 더 사랑해 주는 성도들이 교회부흥세미나의 진정한 주인공이다.

11년 외길…참석교회 평균 성장률 55%

상계교회, '리메이크 교회부흥세미나' 한국 교회 가능성 · 미래 제시

주춤한 성장세를 넘어 감소세로 돌입한 지 이미 오래인 한국 교회를 '리메이크'하겠다며 시작된 세미나가 참석 교회들의 평균 성장세 50%를 상회하고 있어 눈길을 끌고 있다.

지난 2일 상계교회에서 열린 제11회 리메이크 교회부흥세미나 현장에서 만난 우효철 아름다운교회 목사는 "9년간 선교사로 사역한 뒤 2013년 8월 국내 목회를 시작했지만 성장은커녕 나날이 줄어가는 성도들 숫자를 보며 절망할 수밖에 없었다"고 당시를 회상했다.

그러나 지난해 동료 목사의 권유로 상계교회에서 열린 리메이크 교회부흥세미나를 참석하게 됐고, 세미나 참석 교회 중 50곳을 선정하는 '비전교회'에 선정돼 집중적인 지원을 받게 되면서 교회가 달라지기 시작했다고 한다. 1년 동안 목회 코칭 세미나와 설교 클리닉, 전도 용품과 현장 전도 지원을 통해 열 명도 채 되지 않았던 교세는 50명을 훌쩍 넘어섰다.

우 목사는 "분석적이며 예리하고 실제적인 코칭 그리고 아낌없는 격려 메시지는 목회의 자신감을 갖게 해줬고, 막막했던 목회에 빛이 됐다"면서 "이제는 올해 안에 100명 성도를 넘어설 수 있다는 자신감과 확신이 든다"고 했다.

20명 남짓한 교회가 1년 만에 100명을 넘어선 경우도 있다. 2014년 가을, 경북 안동의 30년 넘은 교회에 부임한 이진수(가명) 목사는 첫 예배에서 20여 명의 성도들과 함께 예배를 드렸다. 전임자가 암으로 소천한 뒤 교회는 침체되기 시작했고, 청년과 학생, 사역할 수 있는 일꾼들도 모두 떠났다. 설상가상으로 성도들 사이 발생한 분쟁은 얼마 남지 않은 성도들마저 교회를 등지게 했다. 이 목사는 "할 수 있는 것이라곤 오직 기도밖에 없었다"고 했다. 그때 신문에 소개된 상계교회 리메이크 교회부흥세미나가 눈에 들어왔다. 무언가에 홀린 듯 무작정 세미나에 참석했고, 운 좋게 '비전교회'에 선정됐다. 그리고 1년 뒤 교세는 장년 70여 명, 아동부와 청년 등을 포함해 100명을 넘어섰다. 이 목사는 "비전교회 선정을 통해 설교와 예배, 심방, 교회 운영과 관리 등 목회 현장의 종합적인 교육과 지원은 물론 영적인 지원까지 받아 종합적으로 성장할 수 있는 기회가 됐다"고 전했다.

　실제로 '부흥 이야기'(Revival Story)를 주제로 지난 2월 2일 상계교회에서 열린 제 11회 리메이크 교회부흥세미나 현장은 소문을 듣고 찾아온 목회자들로 발 디딜 틈 없이 붐볐다. 여우훈 서울연회 감독의 개회예배 말씀으로 시작해 서길원 목사, 한홍 새로운교회 목사, 김양재 우리들교회 목사, 이상대 서광교회 목사가 △부흥의 영성 △말씀과 성령의 교회 △말씀이 들리는 축복 △이 시대, 작은 교회의 희망을 말하다를 주제로 강연을 펼쳤다. 특강과 집회가 끝난 뒤에는 지난 10년간 해왔던 대로 비전교회를 선정해 목회 현장의 종합적인 지원을 펼치기로 했다.

　올해 11년째 교회부흥세미나를 이끌어 온 서길원 목사는 "한국 교회 건강성 회복의 성패는 출석성도 40-100명 사이에 있는 차상위 부흥교회에 있다고 분석, 지난해 10년차를 맞아 '부흥교회 배가 성장'에 초점을 맞추기로 했다"면서 "'부흥교회'는 출석 성도 40-100명 사이의 규모로 자립과 미자립의 경계에 있지만 성장 매뉴얼이 없는 것이 특징"이라고 했다.

서 목사는 "모이는 교회론에 절망했다면 흩어지는 교회로 가면 되고, 알곡을 쌓아둘 수 없다면 알곡을 단단하게 하는 방법이 있다. 목회자들은 세상 유행을 좇을 것이 아니라 우리가 유일하게 줄 수 있고 세상이 목말라 하는 영성을 주고 세대를 읽는 작업을 지속해 나가야 한다"고 강조했다.

서길원 목사는 "한국 교회의 비전교회들이 자립 교회로, 차상위 부흥교회가 중형 교회로 자리잡아간다면 한국 교회는 더욱 단단해질 수 있고, 지역 사회를 넘어 민족과 세계를 섬기는 사명도 능히 감당할 수 있을 것"이라며 "한국 교회 건강성 회복의 성패가 여기에 있는 만큼 한국 교회를 '리메이크'하는 사역을 끊임없이 지속해 나갈 것"이라고 덧붙였다.

〈기독교타임즈〉 2016년 2월 3일
신동명 부장

Part 3
하나님이
키우시는
아이들

청소년 기름부음 캠프 이야기

chapter 01

죽음의 문턱에서

2010년, 어느 날인가부터 점심을 먹고 나면 식곤증이 밀려왔다. 얼마나 잠이 쏟아지는지 일상생활이 불가능할 정도였다. 조금만 일을 해도 파김치가 되었다. 옆에서 보던 아내가 "당신 얼굴이 점점 노래져요"라며 걱정하기 시작했다. "걱정 말아요. 아직 서 목사 젊습니다" 하고 안심시켰지만 몸을 가누기 힘든 지경에까지 이르렀다.

나는 1986년 첫 목회지에서 생긴 B형 간염이 있다. 그래서 간 건강에 신경을 많이 쓰는 편인데, 2007년에도 무리가 와 한달 휴가를 내고 미국 누님 댁에서 요양을 하고 돌아온 적도 있었다.

세브란스 병원에서 진찰을 받았다. 검사 결과는 내가 생각했던 것보다 더 안 좋았다. 간 수치가 억 단위로 뛴 것이다.

"지금 쉬지 않으시면 큰일 납니다. 돌아가실 수도 있어요."

의사들은 환자에게 으레 겁을 준다지만, 나는 몸이 예전 같지 않음을 누구보다 잘 알고 있었다. 그런데 그것을 정확하게 진단받으니 정신이 아찔했다. 나는 그 길로 집으로 돌아와 모든 일정을 취소하고 가평에 있는 필그림 하우스 기도원으로 갔다. 아무 말도 하지 않았다. 그냥 엎드려 있었다. 누구도 만나지 않았다.

엎드려 침묵하고 있었지만 머릿속에서는 온갖 생각이 다 들었다. 가장 큰 생각은 교회와 가족에 대한 염려였다. '나야 지금 죽으면 천국가지만, 교회는? 아내와 자녀들은?' 하고 꼬리에 꼬리를 물고 일어나는 생각들은 나를 정말 힘들게 했다. 이제껏 나그네 인생을 산다고 생각했는데, 마지막에 세상 것을 고민하는 나를 발견했다. 하나님 앞에 철저하게 모든 것을 맡기지 못한 나의 속마음을 본 것이다. 차마 하나님 앞에 '죄송하다'는 말도 할 수 없을 정도였다. 참담한 심정으로 가만히 엎드렸다.

그때 주님이 내게 말을 걸어오셨다.

"아들아. 그간 내 교회를 위해 참 많이 수고했다. 내가 네 눈물과 땀과 피를 안다. 고맙다."

이 음성을 듣자 나는 '아, 이제 마지막이구나'를 직감했다. 여기까지가 내 전부였구나. 주님의 음성은 계속 이어졌다.

다음세대를 섬겨라

"너는 일어나 한국 교회와 시대를 다시 세울 청소년들을 섬겨라!"

"주님, 청소년이라니요? 제 나이 48살입니다."

머리를 흔들며 주님의 음성 앞에 부인했다. 그러나 주님은 계속해서 말씀하셨다.

"네가 이제 일어나면, 내 젊은 종들을 네게 붙여 줄 것이다. 이때를 위해여 너의 교회를 부흥시켰느니라."

"주님 제가 무슨 능력으로 청소년들을 만난답니까?"

나는 어른과 대학원생을 가르치긴 했어도 중·고등학생은 자신이 없었다. 언어도 통하지 않을 뿐더러, 학창 시절 공부만 하던 범생이었기에 요즘 아이들을 이해할 자신이 없었다. 게다가 이미 세상은 교회보다 재미도, 공부도, 복지도 앞서 있다. 청소년에게 교회는 고루하고 따분한 곳이다. 그런데 어떻게 아이들을 교회로 모을 수 있을까.

"이제 다른 것으로는 안 된다. 나의 새 기름을 네게 부어줄 것이니 너는 가서 나의 성령의 새 기름을 선포해라. 네가 손을 얹을 때 사도행전이 재현될 것이다."

늘 내게 정확하신 주님 앞에 항복할 수밖에 없었다. 여기까지 인도하신 하나님이시니 이후의 삶과 사명도 하나님께서 인도하실 것이 분명했다. 나는 그냥 아멘하고 순종하면 되는 것이었다.

"네, 주님 다음세대들을 세워 한국의 미래 100년을 책임지는 교회를 만들겠습니다.”

정신을 차리고 보니 세상이 달라져 있었다.

“할렐루야! 내게 일을 맡기신 것 보니, 나 안 죽는구나!”

나는 감사의 눈물을 흘렸다. 그리고 나를 누구보다 사랑하시는 하나님의 마음이 느껴져 참 많이 울었다. “너 내가 병 고쳐 줄게” 하는 말씀보다 내게 새로운 사명을 맡겨 주신 것이 내게는 명약이었다.

하나님은 거기서 그치지 않으셨다. 금방 흔들릴 나를 아시고 연달아 징조들을 보내셨다. 우연히 기도원에서 군목 동기인 계인 목사님을 만나게 되었다. 군목 시절 내가 외계인 목사님이라며 놀려도 사람 좋게 웃으시던, 나와 허물없이 지낸 목사님이다.

“아니, 미국에 계시다던 계 목사님이 어찌 여기에?”

“서 목사님 아니십니까! 잠깐 한국에 왔다가 영성 훈련을 받으러 왔습니다.”

반가운 마음에 그 자리에 한참을 서서 서로의 근황을 나누었다. 내 이야기를 들은 계 목사님은 갑자기 한 분에게 전화를 연결하더니 밑도 끝도 없이 통화를 해보라며 핸드폰을 내게 건넸다.

“여보세요.”

차분한 여성의 음성이 들려왔다.

“목사님을 향한 하나님의 마음을 전하라 하십니다. 사랑하는 아들아….”

통화 내내 몸에서 전율이 일었다. 소름이 돋아 대꾸도 못하고 계속 듣고만 있었다. 생면부지의 사람이 좀 전에 기도실에서 나누었던 주님과의 대화를 정확하게 재현하는 것이었다. 그것이 주님의 마음이고 계획이라고!

이분은 우순복 전도사님이었다. 예언 사역을 하시는 분인데, 이 후로도 내가 지칠 때마다 주님의 음성을 전달해 주시며 힘을 주셨다. 이제는 우리 교회 큰 사역 때마다 오셔서 나뿐 아니라 동역자들을 위해서도 기도해 주신다. 이분을 만나게 된 것도 하나님께서 청소년들을 세우기 위한 하나의 계획이었다. 주님 은혜의 선물이다.

그렇게 기도원에 3일 동안 있다가 내려왔다. 뜨거운 마음으로 내 육신도 매만지고 목회도 돌아보는 계기가 되었다. 지금까지는 내 힘을 다했지만, 이제는 성령의 능력으로 해야 함을 결심한 시간이었다. 성령의 직접 인도, 보호, 가르쳐 주심, 이것이 나의 목회의 능력이 돼야 하는 것이다.

하나님을 경험하는 삶

그해 여름, "하나님을 경험하는 삶"이라는 주제로 40일 특별 새벽 기도회를 열었다. 주제 그대로 하나님이 일하여 주신 시간이었다. 기도원에서 약속하신 성령의 새 기름이 상계교회에 가득 넘쳐흘렀다.

특새 4일째였다. 여름 끝자락에 부는 태풍은 그해도 어김없이 찾아왔다. 기상청에서 태풍 경보를 내린 7호 곤파스. 노인과 몸무게 50킬로 그램 미만은 외출을 삼가라는 안내가 나왔다. 2부 예배를 드리는데 바람이 얼마나 세차게 불던지 교인들이 바람에 휩쓸려갈까 걱정이 될 정도였다. 6시 50분, 예배 인도를 마치고 밖으로 나오니 비는 내리지 않았지만 바람이 대단했다. 혹시나 날아갈까 싶어 본당 입구에 있는 화분 몇 개를 안쪽으로 옮기는 데 엄청난 굉음이 들렸다.

깜짝 놀라 뒤를 돌아보니 교육관 옥상에 있던 14미터 철탑이 교육관 옆 전깃줄에 걸려 있었다. 철탑이 태풍에 쓰러져 기우뚱 떨어지다가 무거운 부분이 전깃줄에 걸려서 가벼운 끝부분이 땅을 향해 대롱대롱 매달려 있었다. 일 년 전에 작업한 업자가 서울에는 태풍이 없고, 무거워서 떨어질 리가 없다며 기초 작업을 부실하게 했던 것이다.

사고 현장은 정말 기가 막혔다. 아니, 기가 막혔다기보다 기절초풍할 노릇이었다. 우리 교회는 주택가 한가운데 있는데 교육관 오른쪽에는 노인들이 많이 사는 빌라가, 왼쪽에는 최근에 지은 신축 빌라가 있었다. 철탑은 그 두 방향 어디로도 떨어지지 않았다. 만일 앞으로 떨어졌다면 교육관 앞에 있던 나는 그자리에서 압사했을 것이다! 바로 밑에 주차되어 있던 승용차도 무사했다.

이 사고로 고압선 두 가닥이 끊어져 주변은 아수라장이 되었다. 근방의 전기 공급이 끊어져 중앙시장까지 피해가 날 정도였으니 정말로 아찔한 순간이었다.

상황을 종료하고 사무실로 돌아오니 오후 2시 30분이었다. 의자 깊숙이 몸을 기대고 앉았다. 허탈한 웃음만 나올 뿐이었다.

그날 저녁 혼자 강단에 올라가 엎드렸다. 놀란 마음이 여전히 진정되지 않아 기도가 쉽게 되지 않았다. 찬송가 10곡을 내리 불렀다.

"주의 보혈 능력 있도다. 주의 피 믿으오."

"내 영혼의 그윽히 깊은 데서 맑은 가락이 흘러나네."

땀을 뻘뻘 흘리면서 찬송을 부르고 엎드리니 마음에 평안함이 찾아왔다. 그때 주님과의 대화가 시작되었다.

"오늘 새벽, 나를 경험하고 싶다 하였기에 내가 살아 있음을 보여 주었지."

"맞습니다. 주님이 하셨습니다. 주님이 아니셨다면 상상하기도 싫은 상황이 벌어졌을 것입니다. 감사합니다. 감사합니다."

나는 하나님 앞에 감사의 기도를 올렸다. 주님이 하셨다면 마지막도 주님이 책임지실 것이기에 나의 마음은 후련해졌다.

"새벽에 나오지 않는 자들은 내가 한 일을 믿지 않는다. 그래서 돌아오는 주일 헌금을 통해서 내가 살아 있음을 보일 것이다. 네가 선포하면 1억의 헌금이 나올 것이다."

당시 주일에 2-3천만 원 헌금을 드릴 때였다. 그런데 1억? 거기에다가 그날은 목요일이었다. 주일이 이틀밖에 남지 않은 것이다. 나는 참으로 부담이 되었고, 그다음 날 새벽에 이 음성 대로 선포하지 못했다. 믿음이 없었던 것이다.

그날 밤 금요 심야 기도회는 태풍 곤파스 소식으로 본당이 꽉 차게 모였다. 다른 교회에 나가지만 상계교회와 나를 위해 기도하던 분들이 한결같이 주의 음성을 들었다며, 심야 예배에 몰려오는 신기한 일이 일어났다. 우리는 성령께서 운행하시는 것을 느끼고 감격하며 찬양했다.

말씀을 전하려고 강단에 섰을 때 주님은 내 안에서 말하고 계셨다.

"1억 헌금에 대하여 선포하라."

"못하겠습니다. 선포했다가 안 되면 곤파스 태풍 사건도 우연으로 여겨질 것이고, 하나님의 명예와 이 종의 입장은 뭐가 되겠습니까?"

인간적인 판단으로는 불가능해 보였다. 만약 그날이 금요일이 아니었다면 선포했을지도 모르겠다. 아무리 계산기를 두드려 보아도 이성적인 답이 나오지 않았다.

나는 주님과 몇 번의 실랑이를 벌인 끝에 결국 이 모든 과정을 성도에게 털어놓았다.

"우리는 내일 모레 하나님의 살아 계심을 또 경험하게 될 것입니다. 어제 곤파스 태풍에서 우리 교회를 지켜 주신 하나님은 돌아오는 주일 헌금을 통해서 또 한 번 일하시겠다고 이 종에게 말씀하셨습니다. 이번 주일에 헌금이 일억 원이 나온다고 말하셨습니다."

나는 하나님이 어떻게 일하실지 궁금해졌다. 아마 기도회에 나온 모든 이의 마음이 그렇지 않았을까?

이틀 뒤, 모든 주일 예배를 마친 후 나는 조마조마한 마음으로 재무부의 보고를 기다렸다. 떨리는 마음을 감출 길이 없었다. 저녁 9시, 재무부 장로님이 헐레벌떡 내 사무실로 들어오셨다.

"목사님! 기적입니다! 1억 64만 원입니다."

할렐루야! 순식간에 교회는 축제 분위기가 되었다. 내 안에 여전히 남아 있던, '하나님께서 정말 종탑을 받아 주신 것이 맞나' 하는 의심을 하나님께서 거둬 가시는 순간이었다.

"하나님이 하셨습니다. 이제 정말로 믿어집니다."

이 사건을 계기로 상계교회는 터져나갈 것 같은 영적 팽창을 느끼게 되었다. 하나님이 우리 교회를 주목하고 계시는 것을, 하나님께서 우리 교회에 직접적으로 개입하시는 것을 확신하게 되었다. 그로 인해 어떤 일이 맡겨져도 해낼 수 있다는 믿음이 생겼다.

가장 중요한 것은 기도의 제목이 바뀐 것이다.

"하나님! 저희를 만만하게 써주세요. 한국 교회를 살리고 예수 그리스도의 오실 길을 준비하는데 만만하게 써주세요."

'주세요'가 '써주세요'로 기도가 바뀌는 대전환의 시간이었다.

오순절 저녁 기도회

연말에 '오순절 저녁 기도회'를 했다. 50일 동안 성령의 새 기름을 달라고 저녁마다 모여 기도한 것이다. 눈길을 가르고 추위를 무찌르며, 150여 명의 기도꾼이 모였다. 젊은 엄마들이 아기를 업고 왔다. 월요일 저녁에는 성령 충만한 분들을 모셔 말씀을 들으며 기도를 받았다. 물론 내가 가장 앞장섰다.

참 대단했다. 하나님께서 우리에게 보여 주시는 성령의 능력들은 대단하다는 말 외에는 표현할 길이 없다. 오시는 강사님들마다 "이 자리에 성령께서 일하십니다!"라고 외쳤다. 손을 얹지 않아도 성도들은 그 자리에 고꾸라져 통곡했다. 성령의 압도적 임재였다. 하나님은 50일 동안 각종 병을 고치셨다. 귀신들이 떠나가는 것을 보여 주셨고, 재정 돌파까지 이루셨다. 특히 예언의 은사들이 터져 나왔다.

마지막 날 밤에는 8시에 시작된 집회가 새벽 2시 30분이 되어서야 끝이 났다. 성도 모두에게 안수했고, 함께 한 우순복 전도사님은 끝날 때까지 예언을 쉬지 않으셨다.

신기한 일은 나에게도 일어났다. 이때부터 성경이 제대로 믿어지기 시작했다. 구약성서학으로 신학박사를 했으며, 분석적이고 논리적인 나였는데, 이성과 논리를 초월한 초자연적인 하나님의 역사 한복판에 들어와 있는 느낌이었다. 나도 모르는 사이 벌어진 일들이었다. 이성과 경험을 넘어서 전능하신 하나님을 맛보게 된 것이다. 성령의 새 기름이었다.

chapter 02

학교에서 일진회를 없애라

2011년 12월, 대구에 사는 중학생 남자아이가 친구들의 폭력에 시달리다 자살한 사건이 있었다. "매일 맞던 그 시절을 끝내는 대신 가족들을 볼 수가 없다는 생각에 벌써부터 눈물이 앞을 가리네요. 부디 제가 없어도 행복하길 빌게요"라는 유서와 함께 울면서 엘리베이터를 타고 옥상으로 올라가던 아이의 모습은 우리 모두를 아프게 했다. 누가 이 아이를 죽음으로 내몬 것일까? 일진회라고 불리는 몇몇 학생일까?

기도원에서 엎드려 있었을 때 하나님께서 청소년 비전을 주시며 내게 하신 말씀이 있다. 바로 '일진회'에 관한 것이었다.

"학교에서 일진회를 없애라."

그전까지 교회의 역할은 학생들을 기도로 키워 하나님의 비전을 심어 주는 것이라고 생각했다. 그러나 하나님은 아이들의 학교에서의 삶까지 교회가 보듬길 원하셨다. 교회를 열심히 다니는 친구들은 모범생이 많은데, 우리 애들이 어떻게 그 무섭다는 일진회를 이길 수 있을까? 물들지만 않아도 다행이라고 생각될 만큼 흉흉한 시대인데 말이다.

폭력으로 얼룩진 학교를 떠올리며 기도했다. 기도를 하다 보니 학교 폭력의 책임은 아이와 부모를 넘어 교회와 세상이 져야 한다는 생각이 들었다. 어린 학생들이 인면수심의 행동들을 하는 것에서 나는 이것이 '악한 영'과의 싸움임을 알아챘다. 이런 악한 영에 사로잡힌 아이들을 백날 윤리 도덕으로 가르쳐 봐야 자갈밭에 씨뿌리기다.

청소년 리더 컨퍼런스

교회에 청소년 리더를 세우기로 작정했다. 리더가 먼저 성령의 기름 부으심을 통해 능력으로 준비되어야 한다. 하나님의 전신갑주를 입어야 한다. 성령의 검이 있어야 악한 영을 대적할 수 있다.

그러므로 하나님의 전신 갑주를 취하라 이는 악한 날에 너희가 능히 대적하고 모든 일을 행한 후에 서기 위함이라 _에베소서 6:13

또 이를 위해서는 반드시 학교에 기도 모임을 세워야 한다. 교회를 넘어 학교에도 하나님이 계신다는 것을 고백해야 한다. 교회를 넘어 학교에서도 크리스천이어야 한다.

나는 기도 모임에 대한 추억이 깊은 사람이다. 미션스쿨이 아니었는데도 서대전고등학교에서 3년 내내 친구들과 기도 모임을 했다. 음악실에서 몰래 하다 교련 선생님께 몽둥이로 맞기까지 했다. 느티나무 밑으로 자리를 옮겨 계속해서 기도했다. 그래서인지 고3 우리 반에서 목사가 일곱이나 나왔다.

나는 내가 아는 모든 사람에게 전화를 걸었다.

"그 교회 청소년부 리더들, 임원들 우리 교회로 보내 주십시오."

청유가 아니었다. 확신에 찬 강권이었다.

"목사님, 비전교회 자립 운동만으로도 힘드실 텐데 왜 청소년까지 하시나요?"

"맞습니다. 우리 교회는 여력이 없습니다. 그러나 하나님의 명령 때문에 합니다."

2012년 2월 19일, 청소년 리더들을 대상으로 상계교회에서 하루 컨퍼런스를 열었다. 교사 및 목회자가 275명, 학생이 528명이나 참여했다. 나의 비전에 동참해 준 지인과 격려자들에게 감사할 뿐이었다.

청소년 리더 컨퍼런스는 전국 중·고등학교에 기도 모임을 설립하고, 각 교회에 청소년 부서를 성장시키며, 30년 안에 믿음의 대통령을 배출하기 위한 모임이다. 강사로 임우현 목사님과 김종석 목사님, 예수

전도단 심형진 간사님을 모셨다. 그 중 반가웠던 것은 심형진 간사님과의 인연이었다.

"목사님, 목사님 이름이 낯설지가 않습니다."

"우리가 안면이 있던가요? 어느 부대 출신이신가요?"

어디서 본 것 같다 싶으면, 군대 이야기부터 시작하는 것이 보통 남자들의 인사법이다.

"저는 3사단 군종병 출신입니다."

3사단! 3사단은 내가 밤마다 철책선을 돌며 신나게 목회하던 곳이 아니었던가. 심 간사님은 내가 임지를 옮긴 후 온 군종병이었는데, 내 이름은 3사단에 전설과도 같이 내려온다고 했다.

"심 간사님, 청소년 사역은 심 간사님같이 젊은 사람이 해야지요."

나는 한결 편해진 마음으로 심 간사님에게 나의 비전을 이야기했다. 그는 나의 이야기를 듣고 기꺼이 동의해 주었고, 함께 동참할 것을 약속했다.

컨퍼런스는 가히 폭발적이었다. 리더를 대상으로 해서 그런지 2주 전에 치렀던 교회부흥세미나와 버금가는 열기였다. 하늘 문이 열려 성령이 폭포수같이 쏟아졌다. 아이들 머리마다 비둘기가 한 마리씩 앉아 있는 것 같았다. 방언이 터졌고, 아이들은 기도를 멈추지 않았다. 부르짖을 때마다, 쏟아내는 것이 아니라 넘치도록 속에서부터 차오르는 것 같았다.

나는 청소년들의 모습을 보면서 확신했다. 이 아이들이 대은혜의 세대를 이끄는 리더가 되겠구나.

대은혜의 세대

왜 아이들에게 성령을 말하느냐고 묻는 사람들이 있다. 성령 이전에 비전, 비전 이전에 회개가 먼저여야 한다고 말한다. 그러나 나는 조금 다르게 생각한다. 성령에 사로잡혀야 근본적인 회개가 일어난다. 성령이 없는 회개는 지적인, 인지적인 회개다. 반면 성령이 임하시면 존재의 회개, 전인적인 회개가 일어난다. 그리고 나의 존재에 대한 정확한 위치를 알아야 비전을 품을 수 있다.

대은혜(supergrace)가 임하면 반드시 성령의 갖가지 능력이 나타난다. 믿기 힘든 기적들이 일어난다. 완악하고 믿음이 약한 사람을 돌이키기 위한 하나님의 방법인 것이다. 하나님은 늘 회개하라고 말씀하시기 전에 놀랍고 크신 하나님의 신비를 통해 우리의 마음을 움직이신다.

내가 이러한 사실들을 강조하는 이유는 두 가지가 있다. 첫째는, 요즘 사람들은 하나님의 신비를 무시한다. 다른 층위가 있다는 것을 인정하려고 하지 않는다. 그러나 종교는 차원을 넘어선 것이다. 하나님은 우리와 같은 층위에 계신 분이 아니다. 영의 세계는 분명히 존재하며 우리가 감히 상상할 수 없는 일들이 가능한 곳이다.

우리 시대는 더 이상 윤리와 도덕으로 변화시킬 수 없다. 사람들은 자신의 이(利)에 맞게 윤리 도덕을 지킨다. 인간으로서 최소한의 기본을 말할 뿐인 윤리와 도덕도 자신의 이익에 따라 좌우되는 것이다. 하나님의 살아 계심을 눈으로 봐야, 인간이 범접할 수 없는 위대함을 봐야, 나의 연약한 것을 제대로 보고 회개할 수 있다. 그러한 근본적인 회개를 할 때 사회적 양심이 깨어난다. 나는 다음세대의 리더에게 필요한 것이 사회적 양심이라고 생각한다. 법의 기준을 맞춰 사는 것이 아니라, 적극적인 자세로 양심을 지키며 사는 것이다.

그리고 잊혀 지지 않는 강렬한 경험이 필요하다. 세상 어디에서도 경험할 수 없는 거룩과 신비를 맛보는 신앙 체험이 청소년 시절에 꼭 필요하다. 교회에서 경험해야 그것을 들고 일상으로 나갈 수 있다. 교회는 하나님을 경험하는 곳이어야 한다. 그래서 하나님 계신 교회가 좋고, 예배가 좋고, 성경이 좋아져야 한다. 교회가 오고 싶고, 예배가 드리고 싶고, 성경이 읽고 싶어져야 한다.

하나님이 키운 아이들

하나님께서 주신 두 자녀인 예은이와 예찬이는 크면서 부모 된 우리의 손을 많이 못 탔다. 미안할 정도로 신경 써주지 못했다. 휴가는 물론이고 오롯이 아이들과 있어본 적이 많지 않다. 군목 시절, 큰 딸 예은이는 나만 보면 낯설어서 울어댔다. 늘 목회로 바빠 자주 보지 못했기 때문이다. 그 이후 가는 교회마다 감사하게도 폭발적 성장이 있었고, 덕분에 나는 쉴 새 없이 바빴다. 성도들을 심방할 때도 부부가 함께 못하고 따로 심방을 해야 할 정도였다.

목사의 자녀라는 자리가 얼마나 부담스러운지 안다. 주민의 10퍼센트가 교회에 나왔던 청양교회 시절엔 지나다니는 사람이 모두 아이를 알아보았다. 그래서 인사도 잘해야 하고, 공부도 잘해야 했다. 학교 선생님이 집사님 권사님이니 오죽했을까. 그 마음을 알았지만 바쁘다는 핑계로 살뜰히 챙겨 주지 못했다. 그럼에도 우리 아이들은 잘 자라 주었다.

잘 자란 데에는 큰 이유가 있다. 예은이가 청소년기를 보낸 청양교회에서의 하나님 체험 때문이었다. 당시 청양교회 중·고등부는 폭발적으로 부흥하고 있었는데, 아이들은 그 속에 있으면서 자연스럽게 하나님과 교제했다. 큐티와 기도 모임을 근간으로 평일에도 학교에서 아이들을 만나가며 섬긴 교사들이 예은이와 예찬이를 잘 키워 주었다. 아이들은 수련회에서 하나님을 경험하고 하나님의 사람이 되었다. 누나가 먼저 은혜를 받으니 동생은 자연히 누나를 좇았다.

부모로서 애들을 키워 보니 역시 은혜를 받아야 한다. 하나님과 교제하며 자신의 존재 가치를 깨닫고, 자신의 꿈을 정하는 것이다. 청소년기의 충만한 경험은 아이들의 인생을 바꾸어 놓는다. 사춘기 때 겪는 모든 문제를 예수님으로 돌파한다.

그렇기 때문에 교회가 청소년들을 길러내야 한다. 청소년들의 학창 시절을 하나님 안으로 끌고 들어와야 한다. 대학 졸업 후 삶의 전선으로 뛰어들고 나면 하나님을 생각할 시간이 없다. 생계와 직결된 문제들을 고민하기 이전에 하나님을 만나야 한다.

나는 기염을 보여 준 청소년 리더 컨퍼런스를 마치고 이것을 2박 3일의 전국 캠프로 확장시키기로 결심했다. 리더뿐 아니라 전국의 청소년에게 성령의 기름을 부어 그들을 다가올 대은혜의 세대로 준비시키는 것이다.

소도 언덕이 있어야 비빈다

"소도 언덕이 있어야 비빈다"라는 속담이 있다. 누구나 의지할 곳이 있어야 무슨 일이든 시작하거나 이룰 수가 있음을 비유적으로 이르는 말이다. 나는 청소년 사역에 있어서는 문외한이다. 그럼에도 청소년 사역을 시작할 수 있었던 것은 하나님께서 적재 적소에 사람을 보내셨기 때문이다. 비빌 언덕을 준비해 주신 것이다.

우리 교회는 교회부흥세미나로 인한 인적 인프라가 구축되어 있었다. 세미나를 다녀간 수많은 목회자가 "상계교회에서 하는 거라면 무조건 보냅니다"라는 무한한 신뢰를 보내 주었다. 그런 부분에서 나는 인간적인 자신이 있었다.

또 당시 우리 교회에는 주바라기선교회에서 청소년 캠프를 많이 경험한 장익중 목사님이 있었다. 청소년 리더 컨퍼런스를 확장시켜 그해 여름 청소년 3,000명을 초청하는 전국 여름 캠프를 열겠다고 하자 장 목사님은 "목사님, 제가 평생 그 일 하겠습니다"라고 대답했다. 장 목사님이 없었다면 시작이 더뎌 한참을 돌아왔을 것이다.

우리 교회 청년들 역시 내게 큰 힘이 되어주었다. "우리 청년부의 비전은 '1,000명이 모여 10개의 미전도 종족에게 선교하는 것'인데 일단 1,000명이랑 예배드려 봐야 하지 않겠습니까? 저희가 하겠습니다" 하고 나서 주었다. 교회 내부 사역이기에 찬양, 영상, 뮤지컬 등을 우리 안에서 소화해야 했는데 청년들은 이 일을 위해 일 년에 한번뿐인 휴가를 반납하고 캠프에 헌신했다. 각자의 위치에서 몸이 부서져라 일했다. 50명 정도의 청년들이 일주일 동안 3,000명을 상대한다. 청소년 캠프는 상계교회 청년부의 땀의 결실이라고 해도 과언이 아니다.

청소년 기름부음 캠프

"청소년에게 성령의 기름부음을 통한 내적 치유와 강력한 능력을 경험하게 함으로 시대가 요구하는 하나님의 일꾼을 세웁시다."

캠프의 목표는 이 시대의 청소년에게 성령의 일하심을 경험하게 하여, 하나님의 살아 계심을 증거하는 증인으로 훈련하는 것이다. 구체적으로 4가지 목표가 있다.

첫째, 학교마다 기도 모임을 만들도록 로드맵과 구체적인 사례들을 제시하는 것이다.

둘째, 캠프를 통해 변화된 학생들이 각 교회 청소년부서를 활성화 시키는 주역이 되는 것이다.

셋째, 한국의 미래 100년을 책임질 인재를 양성하는 것이다.

넷째, 이러한 비전을 위해서는 인간의 노력을 뛰어넘어 성령의 기름 부으심이 필요함을 인식시켜 캠프 기간 동안 모두 성령을 경험하는 것이다.

기존의 다른 청소년 캠프들은 초교파로 진행하기 때문에 '성령'에 관한 주제를 다루기를 조심스러워 한다. 교단마다 성령론에 대한 차이가 있고, 통성 기도와 방언, 예언 등에 대해서 다른 관점을 가지고 있기 때문이다. 그러다보니 다른 캠프들은 주로 '비전'에 초점을 맞추어 집회를 구성하는 것 같다. 그러나 이 시대 청소년의 진정한 문제는 비전이 없는 것이 아니라 하나님을 온전히 만나는 경험이 없다는 것이다. 성령을 통해 하나님을 만나는 경험이 없는 청소년에게 비전만을 강조하면 자칫 성공 지향주의를 심는 결과를 가져올 수 있다.

청소년 기름부음 캠프는 비전에 앞서 '구원'을 이야기한다. 구원받지 못한 자가 하나님의 꿈인 '비전'을 받을 수 없기 때문이다. 십자가와 복음이 우선이다. 청소년들은 복음 앞에 온전히 서야 한다. 그러나 노력과 결단만으로는 힘든 것이 사실이다. 그래서 성령의 기름부으심이 있어야 한다.

성령은 구원받은 성도들이 어떤 삶을 살아야 하는지 깨닫게 해줄 뿐만 아니라 그렇게 살 수 있는 능력을 준다. 그러므로 청소년기에 기름부으심을 경험하면 자연스럽게 하나님을 사랑하고 하나님의 뜻을 이루기 위해 살 수 있게 된다.

청소년 캠프에 몇 명이나 참석할까 하는 것에 두려움은 없다. 왜냐하면 캠프 자체가 목적이 아니기 때문이다. 솔직히 말해서 캠프를 통해 들어오는 수익은 단 한 푼도 없다. 오히려 교회의 재정을 쏟아붓는다. 한 명이라도 더 올 수 있도록 부단히 노력하지만 그것은 한 명이라도 더 은혜받을 사람이 필요하기 때문이다. 내가 정말 두려워하는 것은 '또 하나의 캠프'가 되는 것이다. 진정으로 우리의 캠프는 또 하나의 캠프가 아니라 하나님께서 원하시는 바로 '그 캠프'(The Camp)가 되기를 바란다.

한국을 품는 캠프

2011년, 우리는 청소년 1,000명을 초청하는 제1회 청소년 기름부음 캠프를 상계교회에서 진행했다. 2박 3일의 일정으로 최인혁 찬양 사역자, 홍정욱 국회의원, 크리스티 김 선교사님 등이 함께한 캠프였다.

청소년 기름부음 캠프를 시작하기 전에는 청소년은 교육부서에 국한된 사역이었다. 교사가 아닌 성도나 청년이 청소년을 마주할 일은 많지 않았다. 그러나 캠프에 참가한 1000명의 아이들을 인솔하기 위해서는 더 많은 교사가 필요했다. 그래서 일반 성도와 청년이 스태프로 뛰어들었다.

"목사님, 중2 애들이 무서워요."

농담반 진담반으로 앓는 소리를 내던 스태프도 있었다. 그러나 그들은 아이들을 섬기는 것은 물론 성령을 경험한 예배자의 모습을 아주 가까이에서 보여 주었다. 청소년과 부딪히며 몸으로 가르친 것이다.

익숙한 교회에서 새롭게 일하시는 성령을 경험하는 일은 늘 즐겁고 설렌다. 교회부흥세미나와는 다른 새로움이었다. 낯설게 느껴졌다고 표현해도 지나치지 않을 정도였다. 성령은 말 그대로 '새 기름'을 부어 주셨고 우리는 탄성을 내질렀다.

그런데 교회에서 진행하다 보니 몇 가지 문제가 생겼다. 800여 명의 청소년들이 모두 잘 곳이 마땅치 않았던 것이다. 고민하다 교인들에게 홈스테이 광고를 냈다. 며칠 뒤 한 권사님이 직접 나를 찾아오셨다. 이 권사님은 교회 근처에서 헬스장과 독서실을 운영하는 분이다.

"목사님, 제가 사실은 노인 요양 사업에 뜻이 있어서 요양병원을 다 지어 놓았습니다. 그런데 이상하게 준공 허가가 늦어져서 애를 태우고 있었는데 다 뜻이 있었나 봅니다. 최신 시설이 구비되어 있으니 아이들을 여기로 보내 주세요."

그 외에도 많은 가정이 홈스테이를 신청해 주었다. 저녁 집회가 끝나면 학원 앞에 부모님들이 차 대고 아이들을 기다리듯이 밖에서 대기하고 있다가 아이들을 태우고 가는 진풍경이 벌어졌다. 성도들은 잠자리뿐 아니라 저녁 간식과 따뜻한 아침까지 내주어 아이들을 정성껏 섬겨주었다.

그러나 청소년 기름부음 캠프가 전국적 캠프로 거듭나기 위해서는 더 이상 우리 교회에서 진행할 수 없었다. 전국 청소년을 대상으로 하는 캠프에서 일차적으로 중요한 것은 장소다.

우리는 제2회 청소년 기름부음 캠프를 위해 서울과 경기권에 있는 많은 대학교를 백방으로 알아보았지만 섭외하는 것이 참 어려웠다. 그러다 정말로 힘겹게 명지대학교 용인캠퍼스를 빌릴 수 있었다.

감동과 동감

캠프에는 2,300명의 청소년이 등록했다. 특히 비전교회의 청소년들이 많이 왔다. 그때 기억나는 두 친구가 있다. 캠프가 시작되고 접수가 한창일 무렵 정말 작은 체구의 남매가 자기 몸만한 봇짐을 메고 접수처 앞에서 서성거리고 있었다. 나는 곧 인솔 교사가 와서 등록해 주겠거니 했는데 누나로 보이는 아이가 직접 등록하는 것이었다.

"너희 둘이 왔니? 선생님은 어디 계시니?"

"저희 둘뿐이에요. 엄마가 기차역까지 데려다 주시고 그 이후로는 저희들끼리 왔어요."

은혜를 사모하는 것이 엄마였는지 아이들이었는지 알 수는 없었지만 돌아갈 때는 등에 멘 짐보다 훨씬 큰 은혜를 갖고 돌아갈 것이라는 확신이 들었다.

개회 예배는 지구촌교회 교육 담당 박길호 목사님이 인도했다. 개회 예배가 끝난 후 몇 가지 인터뷰를 위하여 우리 청년들이 박 목사님을 만났다. 그때 박 목사님이 청년들에게 이렇게 물었다.

"상계교회 성도가 몇 명이나 되나요?"

"장년 1500명 정도예요."

"청소년 부서는요?"

"100명 남짓 되어요."

"여기 스태프는 다 전문 사역팀인가요?"

"저희는 상계교회 청년들이에요. 이런 캠프를 열기에 교회의 규모는 작지만 그동안 우리 교회를 쓰신 하나님을 신뢰하고, 하나님이 쓰시는 담임 목사님을 신뢰하기에 이 사역이 우리에게 벅찬 것이라고 생각하지 않아요."

인터뷰를 마치고 박 목사님은 장소를 떠나기 전 나와 인사하는 자리에서 이렇게 말했다.

"목사님, 정말 놀랍습니다. 대형 교회도 감당하기 힘든 일인데 이렇게 하실 수 있는 이유가 정말 궁금합니다."

나는 집회의 취지와 앞으로의 계획을 말했다. 하나님이 내게 명령하신 간증도 빼놓지 않았다. 그러고는 다그치듯 말했다.

"박 목사님, 이거 내가 해야 합니까? 박 목사님처럼 젊은 전문가가 해야 합니까? 내가 앞장 설 테니 박 목사님도 같이하십시다."

박 목사님은 말없이 고개를 끄덕였다. 그리고 조용히 강사 사례비를 두고 갔다. 이후 그는 매년 캠프의 강사로 섬긴다. 교사들의 리더 훈련을 맡은 오종민 목사님은 개인적인 친분이 있던 사이였는데 캠프에 대한 이야기를 듣고는 미국 뉴저지에서 날아올 만큼 동감해 준 이였다.

이러한 강사들의 모습을 보며, 청소년 사역 특히 성령 사역에 관한 마음들이 많은 사람에게 있었음을 확인했다. 나는 그냥 도화선이 되었을 뿐이다. 터트리는 것은 역시 하나님이시다.

초대교회 같은 역사

캠프에는 1,2차 합해 총 15명의 강사를 모셨다. 크리스티 김 선교사님, 고 이민아 목사님의 남편인 제프 목사님, 임우현 목사님, 다니엘 김 선교사님, 국회의원 홍정욱 님, 최하진 선교사님, 카이스트 부총장 주대준 장로님, 한동대 한윤식 교수님, 오종민 목사님, 천관웅 목사님, 찬양 사역자 강찬, 유은성, 박찬미 님 등이다. 한국 교회와 시대를 이끌어가는 실로 대단한 분들을 한 캠프에서 모두 만날 수 있는 축복을 누렸다.

둘째 날 저녁에는 내가 올라가 성령의 기름부으심에 대해 말했다. 성령이 우리에게 어떤 선물을 주실지 기대하며 함께 성령을 초청하는 찬양을 불렀다. 그리고 이미 이곳에 성령께서 가득히 계심을 선포했다. 아이들과 선생님들 모두 통성으로 기도했다. 각종 방언과 통성 기도를 제한하지 않는 것은 우리 캠프의 큰 특징이다.

강당의 조명을 끄고 기도받기 원하는 친구들을 앞으로 불렀다. 모든 아이가 자리에서 일어났다. 나는 올라온 사람 한 사람도 빼놓지 않고 모두 머리에 손을 대고 기도해 주었다. 1,000명이 넘는 아이들을 시간에 구애받지 않고 안수해 주었다.

성령의 역사는 정말로 강력했다. 손을 얹자마자 아이들이 쓰러졌다. 성령의 임재에 들어간 것이다. 예상치 못하게 아이들이 쓰러지자 옆에서 기도로 돕고 계시던 장로님들이 놀라서 무대 위로 뛰어 올라왔다. 혹시나 쓰러지다 다칠까 뒤에서 받치기 위함이다. 내가 기도를 하려고 아이들 앞에 서면 여자 아이면 여자 스태프가, 남자 아이면 남자 스태프가 아이 뒤로 섰다. 장로님 한 분은 쓰러지는 아이를 받다가 다음 날 허리를 펴지도 못하셨다. 청년 스태프도 마찬가지였다. 이렇게 많은 사람이 임재에 들어갈 것이라고는 예상하지 못했다. 쓰러지는 사람들을 요령 없이 받다가 몸살 난 스태프들 덕분에 다음 날 의약품에 파스가 동이나 몇 박스를 더 사다 놓을 정도였다.

성령의 역사가 강한 만큼 악한 마귀들도 기승을 부렸다. 귀신들이 소리를 지르며 나가는 일이 일어났다. 간간히 소리를 지르며 몸부림을 치는 아이들이 보였다. 그러면 담당 교사와 함께 스태프들이 달려가 기도해 주었다. 말 그대로 씨름이었다. 기도해 주려고 손을 대면 비명을 지르고 침을 뱉었다.

악한 영들은 누구보다 하나님을 먼저 알아본다. 〈누가복음〉에 나오는 귀신 들린 자는 예수님이 누구인지 정확히 알아보았다.

> 아 나사렛 예수여 우리가 당신과 무슨 상관이 있나이까 우리를 멸하러 왔나이까 나는 당신이 누구인 줄 아노니 하나님의 거룩한 자니이다
>
> _누가복음 4:34

공간 가운데 하나님이 강력하게 임하시니 청소년들 안에 있던 악한 영들이 견디지 못한 것이다. 성령의 강력한 임재 가운데 그가 하나님의 자녀임을 선포하자 그 학생이 자유해지는 것을 보았다. 이것은 참가자들뿐 아니라 스태프들에게 놀라운 도전이 되었다.

〈마태복음〉 17장에는 귀신들린 아이를 고쳐 주신 예수님이 나온다. 한 사람이 자신의 아들이 귀신이 들려 제자들에게 데려갔으나 제자들은 고치지 못했다. 예수님은 제자들을 "믿음이 없고 패역한 세대"라고 꾸짖으시며 그 아이를 고쳐 주셨다. 제자들은 예수님께 우리는 왜 쫓아내지 못했느냐고 물었다.

그런 제자들이 오순절 다락방에서 성령을 받은 후에 달라졌다. 앉은

뱅이에게 먼저 가서 "은과 금은 내게 없지만 내게 있는 이것을 네게 준다. 나사렛 예수 그리스도의 이름으로 일어나 걸으라" 하고 그를 고쳐 주었다.

영적으로 충만하지 않으면 성령의 역사 앞에 있어도 구경꾼이 된다. 영적으로 무뎌져 무엇이 성령의 일인지 구별하지 못해 속수무책인 것이다. 오히려 조롱거리가 될 뿐이다. 우리가 먼저 영적인 체험과 영적인 충만함이 없다면 캠프의 주관자는커녕 돕는 자도 될 수 없다. 캠프를 위해서는 외적인 준비뿐 아니라 영적으로 준비되어야 함을 깨닫게 된 것이다.

처음이라서

중간 중간 쉬는 시간에는 아이들이 간단하게 사먹을 수 있는 아이스크림을 준비했다. 그런데 아이스크림 값이 너무 비싸다는 항의가 들어왔다.

"이거 밖에서는 천원인데 왜 여기에선 이천원에 팔아요?"

내가 봐도 이상한 노릇이었다. 즉시 담당 전도사님을 불러서 물었다.

"얼마에 가져왔길래 이렇게 파나?"

"목사님, 저희가 잘 몰라서 시중보다 비싸게 가져왔습니다. 어떡하지요?"

"어떡하긴 어떻게 해. 손해 보고 팔아야지!"

또 집회 장소와 기숙사는 거리가 꽤 멀었는데, 한 여름 땡볕의 기세가 어찌나 등등하던지 한번 왔다 갔다 하면 스태프고 아이들이고 땀을 뻘뻘 흘렸다. 그런데 방금 기숙사를 다녀왔다던 스태프가 뽀송뽀송한 얼굴로 룰루랄라 콧노래를 부르는 것이 아닌가.

"젊어서 그런지 기운이 넘치나보다. 땀도 안 흘리네!"

그랬더니 그 스태프가 웃으면서 말했다.

"목사님, 저 치킨 아저씨가 태워 줬어요."

"치킨 아저씨라니?"

매일 저녁 캠프 일정이 끝나면 교회들끼리 모여서 간식을 먹었는데, 일등 간식은 하나님 다음으로 위대하다는 '치느님'(치킨)이었다. 방학이라 학생들도 없어 텅 비어 있던 치킨 집에 밤만 되면 수백 명분의 치킨 주문이 들어오니 그야말로 불이 난 것이다. 온 동네 치킨집의 닭이 동이 날 정도였으니 얼마나 신바람이 났겠는가. 그래서 낮에 치킨집 전단지도 돌릴 겸 해서 학교에 들어왔다가 땀을 뻘뻘 흘리고 가는 스태프를 보고 기숙사까지 태워 주겠다고 한 것이다. 그리고 다시 집회 장소까지 데려다 주면서 "참 훌륭한 캠프야!"라는 말을 수도 없이 했다고 했다.

"목사님! 우리 캠프가 지역 경제에 이바지하는 것 같아요."

이런 것도 선한 영향력이라고 말해도 되는 거냐며 콧노래를 멈추지 않았다.

짓궂었던 참가자들도 기억이 난다. 얼마나 스태프들이 애간장을 졸였는지 얼굴이 새카맣게 변할 정도였다. 집회 중간에 남자아이 두 명이 아프다며 숙소에 가야 한다고 본부로 찾아왔다. 그래서 절차를 밟고(집회가 시작되면 숙소에는 참가자들이 출입할 수 없기 때문) 스태프 동행 하에 숙소로 들어갔다. 단단히 체했는지 화장실에 가기도 전에 구역질을 했다. 놀란 스태프가 휴지를 가져다 주겠다고 잠깐 자리를 비웠다. 그리고 약과 휴지를 들고 그 자리에 왔을 땐 두 명의 친구들은 이미 사라져 버렸다. 당황한 스태프들은 아이들을 찾았지만 어디에서도 찾을 수 없었다. 결국 학교를 벗어나 주변 pc방 당구장으로까지 찾으러 다녔다. 그러나 그 친구들은 몇 시간 뒤 아무 일도 없었다는 듯이 태연하게 집회장에서 발견되었다. 요즘 말로 "어이가 없네" 사건이었다.

우리 모두 처음이라서 우왕좌왕하기도 하고, 작은 일에 행복해하기도 애태우기도 했다. 일주일 동안 2,300명의 사람들과 부대끼며 지냈다. 캠프가 끝나고 참가자들이 모두 은혜받았다고 이야기했는데 스태프들은 너무나 아쉬워했다. 내게 먼저 와서 "목사님 내년에도 이거 꼭 해요" 하고 말하던 것이 얼마나 귀하던지, 하나님의 일이 아니었다면 이렇게 하나 되어 하지 못했을 것이다.

명지대에서의 강렬한 첫 캠프의 기억은 상계교회 사역의 지침을 돌려놓았다. 이것이 우리가 감당해야 하는 사명임을 모두가 확인하는 시간이었던 것이다.

하나님의 마음으로 섬긴다는 것

신OO 청년

청소년 기름부음 캠프를 떠올리면 기억에 남는 아이들이 있습니다. 매우 자유분방하고 반항이 심했습니다. 그 아이들은 매 시간 탈출을 시도했고 거친 말로 협박(?)을 서슴치 않았습니다. 자신들이 폭발하면 무슨 일이 있을지 모른다며, 폭행 전과가 있다며 격양된 상태로 탈출을 시도했습니다.

　매 시간마다 부딪히다 미운정이 들었나 봅니다. 둘째 날 집회 시간에 갑자기 그 친구들과 함께 예배를 드리고 싶었습니다. 앞자리에서 함께 예배를 드리자고 했더니 웬일인지 흔쾌히 승낙하고 집회 장소로 들어갔습니다. 찬양하는 중이었는데, 그 아이들은 찬양에는 관심이 없고 오히려 열심히 찬양하는 아이들을 조롱하는 몸짓으로 예배 분위기를 흐리는 듯했습니다. 후회가 막급이었지만 그렇다고 다시 데리고 나가는 것은 아닌 듯하여 고민하던 찰나 기도해야겠다는 생각이 들어 하나님께 기도했습니다.

　"하나님 저 아이들이 참 골치 아픕니다. 저 아이들을 잘 감당할 수 있게 해주세요"

　그때 하나님께서 제게 감동을 주셨는데 그 말씀을 잊을 수가 없습니다.

"저 아이들이 참 골치 아프고 이 자리에 없었으면 좋겠지? 그런데 저 골치 아픈 아이들을 위해서 내가 죽었단다."

그때 깨달았습니다. 그때 정말 아이들한테 너무나도 미안했습니다. 주님께 너무나도 죄송했습니다. 청소년 기름부음 캠프는 저들을 위한 것인데, 나는 저 아이들을 섬기기 위한 스태프였는데 말입니다.

장난을 치는 한 아이에게 가서 너를 위해 기도해 주어도 되겠느냐고 물었습니다. 분위기가 달라진 것을 알았는지 그 아이는 기도를 부탁했고 함께 기도했습니다. 아이들을 답답해했던 것을 회개하고 사랑으로 잘 섬기게 해달라고 기도했습니다. 그 아이가 이 집회에서 예수님을 만나게 해달라고 기도하며, 예수님이 만나 주셔서 그 친구의 답답한 마음 제가 모르는 어떤 것들을 만져 주시기를 기도했습니다. 기도하는데 눈물이 났습니다. 감사하게도 함께 아멘으로 기도를 마쳤던 것으로 기억합니다.

기도를 받은 친구의 속마음이 어떠했는지는 모릅니다. 그런데 잠시 생각하던 그 아이는 "형, 저 같은 애도 맨앞으로 가도 되요?" 하고 물었습니다. 그때 "그래 너 같은 애들이 앞으로 가야 되는 거야"라고 답했고 그 친구는 같이 있던 아이들을 반 강제로 끌고 앞으로 갔습니다.

캠프 일정이 다 끝나고 작별 인사를 할 때 그 말썽을 피우던 친구들이 고맙다고 찾아왔습니다. 기억에 남는 캠프가 되었다며 저에게 선물을 주었습니다. 꼬깃한 담배갑이었습니다. 그 어이없는 선물을 장난스레 주고는 유쾌하게 사라졌습니다. 물론 사진은 예쁜 누나들하고만 찍겠다며 끝까지 뒤통수를 쳤지만 그 아이들이 많이 기억이 납니다.

그리고 다음해 캠프 때 한 무리의 청소년이 "형, 안녕하세요"라며 인사를 했습니다. 작년에 말썽을 부린 그 친구들이 다시 찾아온 것입니다. 저는 그들의 얼굴과 이름을 잘 기억하지 못했는데 그 친구들은 제게 인사하였고 새로 '끌고 온' 아이들도 소개해 주었습니다. 이번에는 예쁜 스태프 누나들과 친해질 거라며 인사만 하는 거라고 했지만 많이 반가웠습니다.

참 귀한 추억을 나눈 친구들에게 고맙고, 그런 만남을 허락하신 하나님께 감사드립니다.

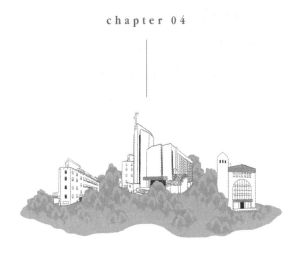

chapter 04

체육관에 의자 놓기

"목사님 큰일 났습니다. 명지대를 못 쓸 것 같습니다."

다급한 부교역자의 목소리에 덩달아 나까지 흥분되었다. 사정은 이러했다. 명지대 캠프를 끝내고 바로 이어서 다음 캠프도 명지대에서 진행하겠다고 공문을 보냈는데 딱히 이렇다 할 답이 없었다. 그래서 별이상이 없겠거니 하고 교회부흥세미나와 여러 곳에서 홍보를 시작했다. 그런데 2월이 다 되어서 우리보다도 공문을 늦게 넣은 다른 캠프에 장소를 빌려 주게 되었다고 연락이 온 것이다. 별안간에 캠프 장소가 없어진 것이다. 말 그대로 발등에 불이 떨어졌다.

급하게 다른 대학을 수소문해 한양대 안산 에리카 캠퍼스를 찾게 되었다. 기숙사와 식당의 접근성과 시설은 아주 좋았다. 문제는 집회 장소였다. 보통 기독교 대학에는 '채플실'이 있는데 한양대는 기독교 학교가 아니어서 아주 오래된 체육관에서 집회를 진행해야 했다.

체육관에는 카메라는커녕 마이크도 하나 없었다. 음향을 설치하더라도 흡음 시설이 전혀 안되어서 많이 울릴 수밖에 없었다. 결정적인 것은 무대와 의자가 없다는 것이었다. 하지만 우리에게는 선택의 여지가 없었다. 고민할 시간도 없이 모든 시설을 렌탈하기로 용단을 내렸다. 의자 1,500개와 무대, 조명, 음향 시설까지 모든 것을 빌려 집회를 준비했다.

의자를 놓는 것은 말 그대로 중노동이었다. 갈색 가죽 의자를 줄 맞춰서 놓는데 줄이 맞지 않아서 몇 번이나 다시 했다. 빌려온 의자라 지저분할까봐 의자 1500개를 하나하나 닦았다. 캠프 시작하기도 전에 "아이고 아이고" 하는 곡소리가 들렸다. 청년들은 캠프 전날 짐을 싸들고 교회로 온다. 그리고 청년 예배가 끝나자마자 모든 짐을 싣고 캠프 장소로 떠난다. 집회 장소에 도착하면 그때부터 밤새도록 내일의 캠프를 준비한다. 한양대에서는 밤새도록 의자와 씨름했다. 캠프 내내 쉬는 시간마다 틀어진 의자를 정렬하느라 스태프들은 밥도 걸러야만 했다.

또 영상 시설도 말썽이었다. 프로젝터를 빌리기엔 액수가 너무 커서 고민하다 교회 본당에 설치되어 있는 것을 떼어 왔다. 혹여 고장이라도 날까 애지중지 몇 겹이나 뽁뽁이로 쌌는지 영상팀의 정성이 고스란히 보였다. 한양대에 프로젝터를 설치하고 시연하는데 이게 웬일인가? 프로젝터가 켜지지 않는 것이다. 몇 시간 전까지 우리 예배에서 잘 사용하던 것이었는데. 온갖 수를 다 써보아도 프로젝터는 작동할 기미가 보이지 않았다. 영상팀은 실로 망연자실이었다. 재정을 아껴보겠다며 애쓴 것이 결국 두 번 일하게 했으니 허무함을 느낄 만도 했다. 결국 백방으로 알아본 끝에 바로 프로젝터를 대여할 수 있는 곳을 찾았고 그 밤중에 서울로 가서 빌려 왔다.

비가 내려도

캠프 전날부터 비가 내렸다. 내리는 비만큼 걱정도 쏟아졌다. 캠프에서 쓸 물품들을 어떻게 비에 젖지 않게 옮겨가나, 현수막과 이정표는 어떻게 달아야 하나, 전자기기가 고장나진 않을까 등등. 다음날 캠프에 올 사람들에 대한 걱정도 만만치 않았다. 인간적인 염려가 생긴 것이다. 날이 맑으면 손쉽게 할 수 있는 일들이 비가 오면 몇 배나 힘들어진다.

다음날 이 염려는 모두 현실이 되었다. 비를 쫄딱 맞으며 현수막을 달았고, 비에 젖은 물품들을 다 닦아내느라 일이 몇 배는 더 어려워졌다.

그럼에도 우리의 염려와 고생이 불평으로까지 번지지 않은 것은 집회장에 들어서는 순간 느낀 마음 때문이다. 우리 모두 집회 장소에 들어서자마자 각자의 자리에서 기도했다. 나 역시 구석구석을 걸으며 조용히 하나님의 이름을 불렀다.

"하나님…"

나는 조용히 그리고 간절히 그 공간에 계신 하나님을 찾았다. 이곳에서 나를 만나 주실 하나님을 기다렸다. 성령의 새 기름으로 나를 채워 주실 것을 간절히 바랐다.

"주의 임재 앞에 잠잠해. 주 여기 계시네."

찬양이 입에서 흘러나왔다. 하나님은 이곳에서 우리를 기다리고 계셨다는 것이 느껴졌다. 우리보다 먼저 이곳에 오신 것이었다.

기도를 마치고 스태프들과 받은 마음을 나눴다. 신기하게도 모두가 같은 마음이었다.

"하나님이 먼저 준비하고 계심을 느껴요."

한양대는 여느 다른 사역보다 우리가 준비해야 할 것이 많았다. 실제로 정말 많이 준비해 갔고, 준비해야만 했다. 그러나 그곳에 우리보다 먼저 준비하고 계신 하나님이 계셨다.

> [30]너희보다 먼저 가시는 너희의 하나님 여호와께서 애굽에서 너희를 위하여 너희 목전에서 모든 일을 행하신 것같이 이제도 너희를 위하여 싸우실 것이며 [31]광야에서도 너희가 당하였거니와 사람이 자기의 아들을 안는 것 같이 너희의 하나님 여호와께서 너희가 걸어온 길에서 너희를 안으사 이 곳까지 이르게 하셨느니라 하나   _신명기 1:30-31

첫날 신기하게도 아이들이 올 시간이 되자 비가 멈췄다. 그리고 집회가 시작하면 다시 비가 왔다. 또 집회가 끝나면 멈추었다. 기숙사로 이동할 때에는 구름이 잔뜩 끼어서 여름날의 더위를 피하게 해주었다. 이 모든 것이 집회 일주일 내내 일어났다. 우연이 반복되면 필연이다. 그리고 하나님 나라에는 우연이 없다. 섭리만이 있을 뿐이다.

> 그는 너희보다 먼저 그 길을 가시며 장막 칠 곳을 찾으시고 밤에는 불로, 낮에는 구름으로 너희가 갈 길을 지시하신 자이시니라   _신명기 1:33

예측불허

1차 사전 등록 인원은 900명이었다. 그런데 캠프가 가까워지자 교회로 문의 전화가 빗발쳤다. 문의 내용은 다들 비슷했다. 1차에 등록을 했는데 2차에 오고 싶다는 것이다. 처음 한두 교회는 알겠다고 바꾸어주었는데, 점점 원하는 사람이 많아졌다. 나중에는 우리도 곤란해 거절하려 해도, 이상할 만큼 다들 피치 못할 사정이 있었다. 마냥 빡빡하게 굴 수는 없는 노릇이었다. 그렇게 차수를 변경한 사람이 무려 200명 가까이 되었다. 사람이 적어서 집회 장소가 비어보이면 어떡하나 싶었다.

그렇게 생각보다 적은 인원으로 시작한 개회 예배가 끝나갈 무렵, 캠프를 응원하기 위해 방문한 우순복 전도사님이 갑자기 내게 제안했다.

"목사님, 제가 여기 방문하신 선생님과 교회를 위해 기도해 주어도 될까요? 원하시는 분들을 제게 보내 주세요."

나는 헌신적인 그녀의 제안에 깊이 감사하며 서둘러 장소를 마련했다. 갑자기 진행된 일이라 장소가 마땅치 않았다. 부랴부랴 체육관에 있던 탁구대를 접어서 간이 벽을 만들고 찬양단 대기실 한켠에 자리를 만들었다. 그리고 쉬는 시간에 기도 사역이 있음을 광고했다. 광고가 끝나자마자 사람들이 몰려들었는데 그 순번이 300번이 넘어갈 정도였다. 계획에 없던 우 전도사님의 섬김으로 인해 캠프는 영적으로 깊이를 더했다.

1차 첫날 저녁 집회 강사님은 배송희 목사님이었다. 앞에서 강사님을 기다리고 있는데 학생들이 꺅꺅 소리를 질렀다. 강사님 옆에 엄청난 포스를 풍기며 삐딱하게 모자를 쓰고 검은 옷으로 무장한 한 남자가 함께 오고 있었다. 특이한 걸음걸이 때문에 옆에 있던 청년들은 그가 누군지 단번에 알아봤다. 가수 양동근이었다. 섭외 명단에는 없던 인물이었다. 알고 보니 그는 배송희 목사님의 교회를 섬기던 성도인데 목사님께서 청소년 집회를 간다고 하니 흔쾌히 따라온 것이었다.

예상치 못하게 참가자가 적어져 걱정했더니, 하나님은 머릿수가 아닌 우리가 예상할 수 없던 일들로 캠프를 풍성하게 만들어 주셨다.

무대의 기둥을 붙잡고

2차 때는 1,600명의 아이들이 한꺼번에 몰렸다. 차수를 변경한 아이들도 있었지만 캠프 하루 전까지 등록이 끊이질 않았다. 처음 예상했던 것보다 300명의 친구들이 더 왔다. 준비한 1500개의 의자가 부족해서 급하게 하얀색 플라스틱 의자를 빌려와서 또 의자를 깔았다. 한양대 캠프는 의자와의 전쟁이라고 말해도 과장이 아니다.

2차는 시작부터 불이 붙었다. 홍민기 목사님의 개회 예배 때부터 애들이 뒤집어지기 시작했다. 찬양만 나오면 앞으로 뛰어나왔다. 처음에는 몇몇 아이들만 앞으로 나오더니 나중에는 제자리에 앉아 있는 사람이 하나도 없을 정도였다. 중간에 서서 촬영을 하던 영상팀이 제발 카메라 선을 건들지 말아 달라고 애걸할 정도였다.

오전 일정이 끝나고 점심을 먹기 직전 찬양하는 시간이 있었는데 아이들이 찬양이 끝나도 밥을 먹으러 가지 않았다.

"앵콜!"

"야! 교회에서는 앵콜이라고 하는 거 아니야."

"아, 그러면 뭐라고 그래? 한번 더? 한번 더! 한번 더!"

아이들은 무대 바로 밑에서 턱을 받치고 서서 '한번 더'를 외쳤다. 처음 보는 진귀한 풍경에 찬양단들은 그야 말로 빵 터졌다. 결국 몇 곡의 찬양을 더 부르고서야 아이들은 식당으로 이동했다. 학교에서는 4교시가 끝나기 5분 전부터 급식실로 뛸 준비를 하는 아이들이 점심도 마다하다니! 성령의 역사가 아니고서는 이루어질 수 없는 일이다.

저녁 집회의 찬양 시간은 가히 폭발적이었다. 아이들이 앞으로 모두 뛰어나갔다. 찬양하는 소리가 정말 천둥과도 같았다. 박수와 함성, 찬양 소리가 체육관을 가득 채웠다.

그때 뒤에서 보고 계시던 장로님들이 걱정하시며 말했다.

"아이들이 자꾸 앞으로 나가는 걸 제재해야 하는 것 아닙니까?"

"저 들고 뛰는 아이들을 어떻게 막는단 말입니까."

붙박이 무대가 아닌 임시무대라 아이들이 뛰다가 스피커를 잡거나 기둥을 잡으면 무대가 조금씩 흔들렸다. 장로님들 눈에는 마치 지진이 난 것처럼 보였던 모양이다. 계속 뒤에서 불안해하시던 장로님들은 급기야 옆에 있던 무대 음향팀에게 가서 물었다.

"이거 무대랑 스피커 정말 안 무너지지요?"

"네. 절대 안 무너집니다."

"조금씩 흔들리는 것 같은데 가서 다른 조치를 취해야 하는 것 아닙니까?"

"걱정마세요. 저희도 주시하고 있겠습니다."

장로님들은 몇 번이나 묻고 물으셨다. 그래도 안심이 되지 않으셨는지 결국엔 앞으로 뛰어나가셨다. 그러고는 찬양이 끝날 때까지 스피커와 무대의 기둥을 받치고 서 계셨다.

"장로님! 정말 괜찮습니다. 힘드셔요. 들어오세요."

"혹시라도 아이들이 다치면 큰일 납니다. 이게 제 마음도 편하고 아이들도 가까이서 보고 좋습니다. 삼각산 소나무 붙잡고 기도하듯이 꽉 붙잡고 안전을 위해 기도하겠습니다."

예쁘지 않나

많은 사람이 캠프의 열광적인 찬양 시간에 대해 우려를 보낸다. 의미 없는 발산적 열광주의라는 것이다. 분위기에 취해 들고 뛰고 소리치는 것이 진정한 찬양이냐는 것이다. 나는 그렇게 말하는 사람에게 역으로 질문한다.

"예쁘지 않나?"

나는 아이들이 노래하고 춤추는 것을 보면 한없이 예쁘다. 끝나고 피곤해서 존다고 해도 조는 모양새까지도 예쁘다. 그리고 그렇게 하는 애들은 졸지도 않는다. 조는 애들은 뒤에 앉아서 장난치고 핸드폰 하는 애들이다. 집에서 자녀들이 장난치고 뛰노는 것만 보아도 마음이 훈훈하지 않나?

오히려 아이들이 이 공간이 아닌 다른 곳에서 열광한다고 생각해 보라. 소리를 지르거나 혹은 꾸벅꾸벅 졸아도 내 집에서 해야 마음이 놓이는 것이 부모다. 이 많은 아이가 있는 공간이 예배하는 장소라는 사실만으로도 나는 가슴이 벅차다. 무슨 짓을 해도 성전에 있는 것이 복이다. 예수님이 괜히 제자들을 성전에 머물라고 한 것이 아니다. 위로부터 능력으로 입혀질 때까지 성전에 있어야 한다.

발산적 열광주의라고 해도 나는 좋다. 그러는 와중에 마음을 열고, 육성(肉性)을 깨트리는 것이다. 하나님은 마음으로만, 영으로만 경험하는 분이 아니다. 우리의 몸은 하나님의 계시를 수용하며, 신앙을 표현하는 매체다. 우리는 하나님을 온몸으로 경험할 수 있으며 하나님은 전인적으로 우리를 만나신다. 몸이 자유로울 때 마음 문이 열린다.

요새 청소년들은 몸 안에 갇혀 있다. 딱 맞는 교복과 딱 맞는 책상에 앉아 세상의 기준에 맞는 학교를 가기 위해 공부한다. 그것뿐인가. 대중 매체는 외모를 정형화시켜 미의 기준을 만들어 낸다. 청소년들은 예쁜 사람이 되기 위해 채 성숙하지 않았는데도 몸을 가꾼다. 그렇게 갇힌 몸에서 얼마나 답답하겠는가. 요즘 아이들이 어디에서 자유롭게 몸을 움직일 수 있겠는가.

찬양 중에 임하시는 성령의 강렬한 경험은 그들이 일상에 돌아가서도 생각날 것이다. 답답하고 힘이 들 때 자유케 하셨던 성령이 생각날 것이다. 그래서 학교에서 가정에서 그때 경험했던 자유함을 다시 맛보기 위해 노력할 것이다. 이것이 일상이 예배가 되는 과정이다.

온 가족이 함께한 청소년 캠프

이OO 집사

부산에서 서울로 이사 와 아직 교회를 정하지 못한 때였습니다. 중학생 두 자녀를 보낼 여름 수련회를 찾다가 상계교회에서 개최하는 청소년 기름부음 캠프에 보내게 되었습니다. 다수의 교회 학생들이 모인 캠프에 잘 적응할 수 있을까 하는 염려도 있었지만, 좋으신 강사님들을 보고 기도하며 참여토록 했습니다. 어떤 시간에 제일 많이 은혜받았냐고 물으니 서길원 목사님의 말씀 시간이 좋았다고 했습니다. 청소년 기름부음 캠프를 개최한 교회에서 예배드리고 싶다는 생각이 들어 주일날 예배를 드리러 갔습니다. 다행이 집과 그리 멀지 않았습니다. 그리고 그날로 교회에 등록하여 지금까지 상계교회에서 예배드립니다.

그 후 남편이 고등부 부장으로 섬기게 되었고, 아이들도 청소년 기름부음 캠프에 참여했기 때문에 저도 그 기간에 휴가를 맞춰 2박 3일간 집에서 쉬려고 했습니다. 그런데 캠프 기간 중 커피, 물, 아이스크림, 아이스티 등을 판매하며 섬기는 카페 사역팀에서 함께하자고 제의하셨습니다. 고민할 것도 없이 할 수 있다고 대답했습니다.

작년 여름은 어느 해보다 무더웠습니다. 게다가 캠프 집회실의 에어컨이

고장 나 집회실 안은 그야말로 찜질방과 같았습니다. 엄마 마음에 걱정도 되었지만 집회가 끝나 밖으로 나온 우리 청소년들의 얼굴엔 불만의 말투나 짜증 섞인 표정은 보이지 않았습니다. 아이들은 은혜 가득한 얼굴로 아이스크림과 얼음물, 커피 등을 주문하기 바빴습니다. 일부 어른들은 상계교회에서 카페 수익금 내기 위해 판매하는 거 아니냐며 말씀했지만, 모든 수익금을 청소년 기름부음 캠프의 장학금으로 사용한다는 것을 알고 감사하다시는 분들도 있었습니다.

집회의 앞자리에 앉고 싶어서 식사를 포기하고 미리 줄을 서는 많은 청소년을 보며 마음이 짠하고 대견했습니다. 캠프에 참여하는 모든 청소년이 은혜의 주인공이 되어 이 세대 자신이 속한 곳에서 하나님의 사람으로 살게 되기를 기도합니다. 하나님이 만만하게 사용하시는 일꾼으로 성장하는 귀한 계기가 되는 집회이기를 기도하며, 내 아이들을 가까이에서 보고, 카페 사역을 통해 섬길 수 있다는 것이 너무도 감사했습니다. 식당, 주차, 방송, 기숙사 등에서 봉사하는 모든 스태프가 그러한 마음으로 섬기고 있는 현장이 바로 청소년 기름부음 캠프입니다.

벌써부터 좋은 원두커피와 아이스크림을 도매로 싸게 구입하여 착한 가격으로 제공하고 싶어서 연구하는 카페 사역 팀! 짧게는 2박 3일, 길게는 일주일 동안 기숙사에서 함께 잠을 자면서도 피곤한 줄 모르고 기쁘게 사역하는 카페 사역 팀! 해를 더할수록 더 기대가 되는 현장인 청소년 기름부음 캠프에서 카페 사역으로 섬길 수 있음에 감사합니다.

chapter 05

나를 기억하라

순풍에 돛을 단 듯 순조로우면 청소년 기름부음 캠프가 아니다. 2014년 평택대에서 진행된 캠프에는 태풍 나크리가 불어 닥쳤다. 교인들은 이미 태풍을 통해 일하시는 하나님을 경험한 터라 크게 걱정하지 않았다. 그러나 비가 오면 전국 각지에서 오는 아이들의 발걸음이 안전하지 않다. 그해 봄에는 꽃다운 학생들이 목숨을 잃은 비참한 사건이 있었기에 각별히 마음이 쓰였다.

나는 한 달 전부터 작정 밤기도회를 선포했다. 교회 곳곳에 캠프를 위한 기도 제목들을 붙이고 새벽 기도와 목장 집회 기도를 통해 중보

하고 있었지만, 태풍 앞에서 더욱 무릎을 꿇을 수밖에 없었다. 작정 밤 기도회 동안 매일 성만찬 예식을 거행했다. 성만찬을 통해 "나를 기억하라"고 말씀하신 예수님을 떠올리는 것이다. 우리를 곤파스에서 건져주신 주님을 기억하고, 성령으로 역사하셔서 아이들을 캠프 가운데 만져 주신 주님을 기억하고, 다음세대를 키우라는 사명을 주신 주님을 기억했다. 또 기억으로만 끝나는 것이 아니라 성만찬을 통해서 그 능력의 근원이 되신 예수님과 연합했다. 모든 사역은 예수님이 아니면 해낼 수 없음을 고백하는 시간이었다.

성도들은 캠프에 참가할 청소년들이 내 자식인 것처럼 기도했다. 그해 캠프를 위한 기도회에서는 유난히 눈물이 많았다. 본당 1분단은 서울 경기지역, 2분단은 강원지역, 3분단은 충청지역, 4분단은 전라지역, 2층은 경상지역의 아이들을 위해 기도했다. 오는 길을 제발 안전하게 지켜달라고.

"하나님, 제발 태풍이 오지 않게 해주세요. 조금이라도 캠프에 오는 것이 불안하지 않도록 길을 지켜 주세요."

그때 이미 우리나라는 태풍의 영향권 안에 들어갔고 전 주 목요일부터 비가 세차게 내렸다. 캠프 전날에는 하늘이 뚫린 것처럼 비가 쏟아져서 평소에는 두 시간이면 도착하는 평택대까지 세 시간 반이나 걸렸다.

캠프 당일의 날씨는 어땠을까? 거짓말처럼 당일 아침 해가 쨍쨍하게 떴다. 바람도 불지 않았다. 놀란 마음으로 날씨 뉴스를 찾아보니 태풍 나크리는 월요일 새벽 갑자기 소멸되었다고 했다. 그것도 평택 바로 아래인 서천에서 사라져 버렸다.

나크리는 8월 2일 오후 3시에 제주도 서귀포 서남서쪽 약 180km 부근 해상에서 세력 '중', 크기 '대형'의 강한 열대 폭풍으로 근접했다. 제주도 부근 해상 통과 뒤 서해 진출하고 나서 급 약화되어 8월 4일 오전 3시에 충남 서천 남서쪽 약 60km 부근 해상에서 중심기압 994hPa의 열대 저압부로 소멸하였다.

하나님은 꼭 이렇게 끝까지 안심할 수 없는 것을 하나씩 남겨 놓으신다. 우리의 노력과 능력이 아닌 "결국 이루는 것은 나다!"라는 것을 알게 하시는 것이다. 역시 기억할 수밖에 없는 주님이시다. 주를 기억하라! Do this in remembrance of me!

첩첩산중

첩첩이 산중이라는 말이 있다. 어지간한 태풍과 변수에는 놀라지 않는 강심장이 되어서였을까? 2015년 캠프에는 태풍보다 더 거센 시험이 우리에게 다가왔다. 바로 메르스다. 메르스는 중동 지역에서 발생한 고열, 기침, 호흡곤란 등 심한 호흡기 증상을 일으키는 바이러스다. 중동에서는 치사율이 40%가 넘은 무시무시한 병이었다.

2015년 평택에서 시작된 메르스는 대한민국을 공포로 밀어 넣었다. 5월부터 우리나라 전역에서 200명이 넘는 감염자와 40명 가까이 되는 사망자가 발생하면서 온 국민이 두려움에 떨었다. 집회 장소였던 평택대는 확진 환자 발생으로 휴교령까지 내린 상태였다. 교회로 문의 전화가 빗발쳤다.

"왜 캠프를 취소한다는 연락이 안 오나요? 설마 진짜 하나요?"

"캠프 해도 되나요?"

당황스럽기는 우리도 마찬가지였다. 아닌 밤중에 홍두깨라더니 메르스가 웬 말인가. 왜 하필이면 첫 시작이 평택이란 말인가. 이것은 태풍과는 차원이 다른 문제였다. 교회 안에서도 소요가 일어났다. 우려하는 목소리가 곳곳에서 들렸다. 강사진들도 캠프가 그대로 진행하는지 몇 번이고 확인했다. 우리 교인들도 아들딸들을 보내는 캠프이기에 부모 된 입장으로 한소리씩 했다.

"목사님, 우리 애가 천식도 심하고 면역력도 약한데 사람 많은 곳에 갔다가 옮아오면 어떡해요."

나는 긴급 회의를 소집하고 몇 가지 방법을 생각해 보았다. 캠프를 취소하는 것은 생각도 하지 않았다. 캠프는 당연히 하는 것이다. 일정이나 장소의 조절 가능성을 따져 보았다. 일정을 바꾸면 섭외한 강사진들의 시간이 틀어져 공지된 스케줄대로 진행이 불가했다. 장소를 바꾸는 것은 더 쉽지 않았다. 장소 구하는 것이 얼마나 힘든 일인지 이미 몇 차례 캠프를 통해 경험한 바였다. 말 그대로 사면초가의 상황이었다.

"목사님, 사면초가입니다. 큰일 났습니다."

"사면초가요?"

"예, 진퇴양난입니다."

옳거니! 사면초가, 진퇴양난에 빠졌을 때 나오는 방법은 단 하나다. 하늘에서 동아줄이 내려오면 되는 것이다. 호랑이가 발밑까지 따라와 도끼질을 해댈 때는 하늘에서 내려오는 동아줄을 타고 올라가면 된다.

"캠프에 단 열 명이 오더라도 그대로 진행합니다. 여태까지 우리가 상황 여건 좋아서 사역했습니까? 하나님이 명령하셨으니 우리는 순종합니다. 그러면 그다음은 하나님이 책임지실 것입니다. 금식하며 기도합시다. 이 일을 통해서 하나님의 이름이 더욱 높아질 것입니다."

모세가 이스라엘 백성을 데리고 출애굽했을 때, 뒤에는 애굽 군대가 앞에는 홍해가 있었다. 사면초가의 상황에서 원망하고 불안해하는 백성들을 모세는 설득하지 않았다. 바로에게 가서 출애굽 계획을 협상하지 않았다. 하나님이 시키시는 대로 지팡이를 들었을 뿐이다.

> 모세가 바다 위로 손을 내밀매 여호와께서 큰 동풍이 밤새도록 바닷물을 물러가게 하시니 물이 갈라져 바다가 마른 땅이 된지라
>
> _출애굽기 14:21

우리의 기도와 바람에도 메르스는 쉬이 수그러들지 않았다. 캠프 직전까지도 메르스를 염려하는 소리가 들려왔다. 캠프 준비를 위해 평택

을 방문하면 마치 유령 도시처럼 거리에 차도 사람도 다니지 않았다. 캠프 장소인 평택대학교에 들어갈 때에도 여러 차례 방역과 신원 조회를 해야만 했다.

그럼에도 사전 등록 인원은 변함이 없었다. 오히려 "목사님 캠프가 순조롭게 진행되도록 우리도 기도하고 있습니다" 하고 응원해 주는 사람이 많았다. 메르스로 인한 휴교령으로 인해 방학이 늦어진 아이들의 차수 변경이 조금 있었을 뿐이다.

그렇게 믿음으로 선포하며 캠프를 진행했고, 1차 캠프 둘째 날인 7월 28일 정부에서 "사실상 메르스 종식"을 선언했다.

> 여호와께서 너희를 위하여 싸우시리니 너희는 가만히 있을지니라
>
> _출애굽기 14:14

불기둥 구름기둥

2015년의 캠프는 말 그대로 이스라엘 백성이 출애굽하는 모습과도 같았다. 하루하루 만나와 메추라기로 표상되는 하나님의 은혜가 없으면 우리는 꼼짝없이 굶어죽을 수밖에 없는 형편이었다. 그래서 더욱 하나님께 매달리는 시간이었다. 집회 장소가 하나님과 대면하는 회막이라면, 스태프들은 말 그대로 뜨거운 광야를 걷고 있었다.

8월 첫 주 평택의 낮 온도는 34도였다. 사람 마음이 어찌나 간사한지 비가 올 때는 해 좀 내달라고 하다가, 해가 너무 뜨거워지니 불평불만이 나왔다.

천 명이 넘는 아이들이 한 공간에 있으니 에어컨을 아무리 가동해도 시원해지지 않았다. 바깥 온도가 높아지면서 실외기가 과부하에 걸려 작동되지 않은 것이다. 집회 장소뿐 아니라 식당에서도 마찬가지였다. 캠프에 참석한 모두는 땀을 뻘뻘 흘리며 밥을 먹고 또 땀을 뻘뻘 흘리며 집회에 참여했다.

오버플로잉 워십팀의 시간은 그 열기에 정점을 찍는 순간이었다. 찬양 인도자가 흘린 땀이 강단에 흥건할 정도였다. 열정적인 만큼 실내 공기도 점점 더 뜨거워졌다. 아니나 다를까 잠시 후에 두 명의 청소년이 업혀 나왔다. 더위에 질식하여 쓰러진 것이다. 토하는 아이들도 생겨났다. 큰일 났다 싶어 안성과 평택 시내에 있는 초대형 선풍기를 모조리 사왔다. 하지만 열기는 식지 않았다.

그날 밤 나는 하나님께 엎드렸다.

"하나님, 너무 덥습니다. 우리 애들 이러다가 성령받기도 전에 쓰러지겠습니다."

그러자 하나님은 내게 호통을 치셨다.

"야 이놈아! 기름부음 사역한다는 녀석이 불기둥 구름기둥도 모르냐. 내게 구하라!"

아차, 나는 또 다시 하나님의 능력을 잊고 걱정만 한 것이다. 순간 너

214

무나 부끄러웠다. 하나님의 강한 손과 펴신 팔로 메르스에서 우리를 건져 내심을 경험한 지 단 하루도 지나지 않아서였다.

나는 모든 스태프를 불러 모았다.

"저는 메르스를 위해서는 기도했지만, 더위를 놓고 기도하지 않았습니다. 왜냐하면 더위는 에어컨이, 선풍기가 해줄 수 있는 것이라고 생각했기 때문입니다. 내 스스로 해결할 수 있는 문제라고 생각했습니다. 그러나 하나님의 능력은 모든 영역 가운데 임하십니다. 이 시간 선포하며 기도합시다. 구름기둥을 주옵소서!"

우리는 다시 한 번 회개하는 마음으로 하나님 앞에 기도했다. 하나님의 은혜가 조금만 넘쳐도 내가 한 것인 줄 아는 뿌리 깊은 죄성에 대해 통곡했다.

이튿날 집회 시간에 놀라운 일이 일어났다. 그 시간은 손기철 장로님의 시간으로 어른들까지 참석해 2,000명 이상이 모여 있었다. 나는 집회 전에 장로님께 우리의 상황에 대해 말씀 드렸다. 그러자 장로님도 함께 기도하겠다고 하시고 집회가 시작하자마자 선포하셨다.

"실내 온도를 24도에 맞추십시오. 하나님께서 이 캠프 가운데 일하실 것입니다."

시간이 조금 지나고 핸드폰 진동이 울렸다. 시설관리 스태프가 나에게 사진 하나를 전송해 왔다.

"23.8도"

온도계에 정확히 23.8도가 찍혀 있는 사진이었다.

하나님이 우리에게 구름기둥과 불기둥을 주시는 이유는 무엇일까. 그 이유는 다른 것이 아니다. 가나안 땅으로 지체 없이 걸어 나가게 하기 위함이시다. 낮이나 밤이나 하나님 나라로 진행하게 하시는 것이다.

이 사건을 통해 그 자리에 참석한 모든 사람이 하나님의 능력을 확인했다. 하루 반나절 동안 씨름했던 무더위로 인해 하나님의 영광이 더욱 드높아졌다. 할렐루야! 지금도 하나님은 낮에는 구름기둥, 밤에는 불기둥으로 역사하시는 하나님이다.

성경에 나타난 성령만 선포할 뿐

캠프 중에 감리교단 홈페이지에 글 하나가 올라왔다. "상계교회는 이단이다"라는 제목의 글이었다. 내용인 즉슨 이러했다.

"상계교회는 신사도 운동에 물들었다. 이런 이단 교회가 청소년들을 현혹하는 캠프를 여는 것을 당장 금지하라."

나는 원색적인 내용에 경악을 금치 못했다. 한국의 미래 100년을 이끌어갈 지도자를 세우자고 몸부림치는 것을 알아주지는 못할망정 그 마음을 곡해하다 못해 음해하다니! 이런 못된 친구가 있나. 속이 부글부글 끓었다. 당장 답글을 쓰려고 했다. 조목조목 하나도 놓치지 않고 반박할 자신이 있었다. 홈페이지에서 글을 본 동료 목사님들이 전화를 해 나를 만류했다. 나는 섭섭함을 넘어 분노가 치밀었다.

"새로운 패러다임 앞에는 늘 논란이 따르기 마련입니다."

"성령이 새로운 거라니요. 이미 2,000년 전에 쓰인 성경에 나온 게 아닙니까."

나는 신사도든 구사도든 별 관심이 없다. 오직 성경에 나타난 성령만을 선포할 뿐이다. 방언이든, 예언이든, 치유든 성령께서 자유롭게 일하시도록 할 뿐이다. 나 서길원이 학생을 고쳐 준 것이 아니다. 나 서길원이 학생에게 방언을 선물한 것이 아니다. 하고 싶어도 할 수 있는 일이 아니다.

마가의 다락방에서 사람들은 성령의 말하게 하심을 따라 방언했으며, 사울은 하나님의 영이 임하자 라마 나욧까지 예언하며 걸어갔고, 성령으로 충만했던 사도 바울의 손수건만 병자에게 가져가도 병이 나았다.

나는 그저 성령을 초청하고 충만하게 기름부으시는 성령께 순종하는 사람이다. 머리에 손을 얹으라면 얹고, 기도하라면 한다. 성령으로 인하여 한국 교회가 살고, 한국의 미래를 이끌어갈 청소년들이 다시 일어나는 것만이 나의 목표다.

성령의 '성'자만 나와도 눈을 부라리고 공격할 거리를 찾는 사람들이 있다. 성령의 기적은 초대교회 사도들로 끝났다는 것이다. 나는 그런 사람들과 앉아서 토론하고 싶다. 〈사도행전〉의 하나님과 지금의 하나님은 같은 분이 아니신가? 성령의 기름부으심으로 인해 교회가 시작된 것이 아닌가? 정말 성령의 능력을 체험해 보기는 한 것인가?

한국 교회를 위해서

청소년 기름부음 캠프는 교회부흥세미나의 연장선상이다. 하나님께서 내게 다음세대를 향한 비전을 주신 것은 내가 들을 귀가 있었기 때문이라고 생각한다. 청소년은 한국 교회의 고민이다. 이대로라면 한국 교회는 끝이 보였다. 신학생은 점점 줄어들고 청소년기에 하나님을 만나지 못한 아이들은 세상에 휩쓸리어 교회를 쳐다보지도 않는다. 교회 안에 다음세대가 사라지는 것이다.

또 이것은 한국 교회뿐 아니라 한국 사회에 대한 고민이다. 경쟁의 논리로 자라온 아이들은 청년이 되어서도 경쟁만 하려 한다. 과도한 경쟁과 일등에 대한 집착은 진정한 삶의 의미를 잃게 만든다. 왜 공부해야 하는지, 왜 일해야 하는지 궁극적인 목적이 사라지는 것이다. 오늘날은 20:80의 시대(소수의 20%가 80%를 끌어간다는 파레토의 법칙)를 지나쳐 10:90, 5:95의 시대가 되었다. 세상은 우리 모두가 '5'가 되라고 말한다. 그 안에 들어가기 위해 치열하게 싸우라고 말한다. 그렇게 싸움으로, 투쟁으로 '5'가 된 사람들이 이끄는 나라는 어떤 모습일까? 하나님 나라는, 우리가 꿈꾸는 대은혜의 세대는 그런 것이 아니다.

초대교회는 가진 것을 나누며 서로를 품고 용납하는, 예수님이 몸소 보여 주신 대로 이웃을 사랑하는 삶을 살았다. 굳이 높은 자리에 앉겠다고 나서지 않았다. 자신의 실력이나 가진 것을 앞세워 다른 사람을 통치하려 들지도 않았다. 섬기고 낮아지니 저절로 리더가 된 것이다.

그들의 그런 리더 된 모습에 세상은 감복했고 초대교회의 120명 모두 복음으로 세상을 바꾸는 리더가 되었다. 클라우스 발켄홀의 말처럼 보스는 일방적인 복종을 강요하지만 리더는 이해와 신뢰를 얻어 내는 사람이다.

한국 사회에는 누군가를 이겨서 올라서는 보스가 아닌 함께 앞으로 나가는 리더가 필요하다. 그것은 시대의 논리가 아니라 영적인 논리여야만 납득이 되고 실행이 가능하다. 하나님 나라의 원칙을 아는 사람이어야만 가능하다. 그러기에 시대를 이끄는 지도자는 성령의 기름부으심을 받은 사람이어야만 한다.

결국 교회부흥세미나와 청소년 기름부음 캠프는 다른 것이 아니다. 청소년을 잘 세워 다음세대의 목회자로 길러 내고, 그 목회자들은 한국 교회의 부흥을 위해 노력한다. 또 교회가 사회 전반에 영향을 끼치려면 평신도 리더들을 세워야 한다. 그러기 위해선 청소년기에 하나님을 알게 해야 한다. 이 사이클이 쉴 새 없이 맞물려 돌아가는 것이다.

교회부흥세미나가 한국 교회와 한국 사회로 나아가기 위한 베이스 캠프라면, 청소년 기름부음 캠프는 전진 캠프다.

하나님의 섭리를 믿으며

이OO 청년

청소년 기름부음 캠프를 첫회부터 섬겼습니다. 교회에서 하는 큰 행사가 멋지기도 하고 자랑스럽기도 해서 시작한 이 섬김이 어느덧 제 삶의 일부가 되었고, 정말 제 삶과 비전에 많은 영향을 주었습니다.

캠프 서너 달 전부터는 디데이를 세면서 준비하고, 캠프 후에는 그 시간에 받은 은혜들을 추억하며 다음 해의 캠프를 기대합니다. 대학생 시절의 모든 여름을 쏟아 부은 이 캠프는 내게 큰 기쁨이었고, 또 소망이 되었습니다. 시간과 마음을 드리고, 그 안에서 사랑을 배우면서 하나님만 아시는 저의 미래라는 그림에 채색을 하는 듯한 순간들이었습니다.

직장을 다니게 된 작년부터 캠프의 모든 시간을 함께할 수 없게 되었습니다. 그래서 차수마다 두 번째 날, 화요일과 금요일에 휴가를 써서 참석했습니다. 주일 청년부 예배가 끝난 후 선발팀과 함께 평택으로 가서 월요일 아침 1차 오픈 준비를 보다가 출근하기 위해 서울로 왔습니다. 그리고 월요일 밤 10시 쯤 퇴근하여 달리고 달려 고속터미널에서 평택행 막차를 타고 가서 화요일 그곳에 있다가 다시 수요일 오전 출근하기 위해 서울로 출발했지요. 2차 때도 마찬가지로 수요일 밤에 평택으로 갔다가 목요일 오전에 서울행, 목요일 밤에 다시 평택으로 갔다가 토요일 오전 서울행.

일주일 동안 평택 ↔ 서울을 오가며, 기적 같은 일도 경험했습니다. 시간을 맞추지 못할까봐 예매하지 않고 현장에서 발권했는데, 어느 날은 평택행 막차 매진이라는 글씨가 저 멀리서부터 보였습니다. 달리는 동안 "하나님 제발요, 제발요. 제발요, 하나님"을 몇 번이나 했는지 모릅니다. 그렇지만 좌석은 매진. 혹시 있을지 모를 빈자리를 기대하며 출발하기 전까지 기다리면서, 평택까지 택시를 타야 하나, 여기서 밤을 샌 뒤 첫차를 타야 하나, 5분도 안 되는 그 시간 동안 혼자 너무 불안했습니다. 서너 좌석 예약자가 도착하지 않았고 딱 제가 마지막 자리의 주인공이 될 수 있었습니다. 마지막으로 버스에 올라타고 문이 닫히는데, 안도의 눈물이 또르르 흘렀습니다. 하나님 참으로 드라마틱한 분이시고, 결국은 승리의 하나님이셨습니다.

5차 캠프를 그렇게 섬기며, '내가 사랑하는 이 캠프, 이 학생들을 자유롭게 섬기지 못하면서 다녀야 하는 직장이 과연…' 하고 생각했다가, '내가 다니고 있는 직장에도 하나님께서 사랑하라고 맡겨 주신 청소년들이 있는데…'라는 마음이 들었습니다.

'그래, 지금 내 눈에는 이게 너무 말도 안 되고, 하나님 너무 서운하고 그렇지만, 어쩌면 이것도 하나님의 섭리 안에 있는 은혜일거야.'

청소년 기름부음 캠프는 다음세대를 위한 준비이고, 그 다음세대를 섬기는 이 세대들의 삶을 통한 고백입니다.

chapter 06

열두 제자 이야기

월요일이면 모교인 목원대에 '구약'과 '목회신학'을 가르치러 간다.
수업을 마치고 강의실을 나오는데 한 학생이 헐레벌떡 뛰어왔다. 그러
고는 넙죽 인사하는 것이다.

"목사님, 안녕하세요. 저 기억하세요?"

"누구지? 내 수업 듣는 학생은 아닌 것 같은데?"

"저 3년 전에 청기캠에서 열두 제자 장학금 받은 김세복입니다."

김세복은 제4회 청소년 기름부음 캠프에서 열두 제자로 뽑힌 학생
이다. 아버지의 구원을 위해 매일 기도원에 나가 기도하다 하나님을 만

났다던 귀한 친구였다. 나는 반가운 마음에 연신 머리를 쓰다듬었다.

"기특하다, 기특해. 신학생이 되었구나!"

청소년 기름부음 캠프에는 열두 제자 장학생 제도가 있다. 캠프 중에 장학생이 되길 원하는 학생들에게 에세이를 쓰게 하고 복음과 비전을 기준 삼아 중·고등학교 교사, 대학 교수, 청소년 전문 사역자 등이 공정하게 심사하여 선발한다. 선발되면 장학금을 주고 지속적으로 연락해 그의 비전을 이뤄가도록 돕는다. 100만 원, 50만 원, 20만 원씩 장학금을 주는 까닭은 아이들에게 장학생으로 뽑혔다는 자부심과 구별 의식을 주기 위해서다.

내가 늘 감격하는 소식 중 하나는 열두 제자로 뽑힌 친구들이 학교에 기도 모임을 만들었다는 소식이다. 캠프의 폐회 예배는 파송 예배로 드린다. 학교에 기도 모임과 예배를 만드는 선교사로 아이들을 파송하는 것이다. 제2회 청소년 기름부음 캠프의 열두 제자였던 정경선은 내게 이렇게 말했다.

"목사님, 저는 마지막에 부르는 파송의 노래가 너무 좋아요. '너는 가라, 주의 이름으로!'라는 가사는 당장 학교로 달려가고 싶게 해요."

경선이는 캠프 후 학교에서 기도 모임을 만들었다. 처음에는 10명 정도 모였는데 나중에는 80명까지 늘어났다고 했다. 한번은 모임을 반대하던 교장 선생님이 직접 와서 모임을 보시고는 그 이후로 반대하지 않으셨다고 기뻐했다.

매년 이렇게 열두 명의 제자를 뽑아 십년이 지나면 120명이 된다. 성령의 충만함으로 초대교회를 세운 120명의 성도처럼 이들이 한국 교회뿐 아니라 한국 사회를 다시 한 번 일으킬 수 있지 않을까?

WIN 예배

상계교회가 있는 서울시 노원구에는 WIN(worship in nowon)이라는 이름의 학교 기도 모임 연합체가 있다. 2015년 10월에 시작한 모임으로 특정 교회나 선교단체에 소속되지 않은 학생들이 주도하는 '학생 자치 단체'다.

시작은 이러했다. 그해 여름 청소년 캠프에서 외친 '캠퍼스의 부흥'을 마음에 새긴 우리 교회 고3 학생 이선엽과 임강혁이 페이스북에 글을 올렸다.

"안녕하세요. 학교에서 기도 모임을 하고 계신 예배자분들! 노원구에 있는 모든 학교의 예배자가 한자리에 모여서 함께 하나님을 찬양하고 예배하면 좋을 것 같습니다. 예배 장소, 시간, 재정, 설교자 등 갖추어진 것은 하나도 없지만 믿음으로 함께하고 싶습니다. 학교 기도 모임에 참여하고 계시는 예배자들은 저에게 메시지를 보내 주세요."

학교에서 기도 모임을 하는 것은 결코 쉬운 일이 아니다. 친구들과 선생님의 눈치, 쉬고 싶은 유혹과 공부의 압박 등을 이기고 예수님의 이름으로 모이는 것은 대단한 각오가 아니고서는 할 수 없다. 그럼에도 학교에서 크리스천 학생들이 기도 모임을 포기하지 않고 하는 까닭은 캠퍼스, 즉 학교의 부흥 때문이다. 예수님을 믿지 않는 아이들이 예수님께로 돌아오는 것, 소수의 예배가 아닌 학교 전체가 복음화 되는 것, 하나님의 산 역사들이 학교 안에서 일어나는 것을 꿈꾸는 것이다.

페이스북 게시글을 본 많은 학생이 연락해 왔고, 노원구 학교 56개 중 25개 학교의 학생들이 모이기로 마음을 모았다. 이 일을 위해 고등부 담당인 조성한 전도사님이 나를 찾아왔다.

"아이들이 연합 예배를 드리려고 합니다. 우리 교회에서 장소를 제공하고, 목사님께서 첫 설교를 해주실 수 있으실까요?"

나는 그의 말을 듣자마자 흥분과 감격에 빠졌다. 기꺼이 장소와 운영비 지원을 약속했다.

첫 창단 모임에 설교하러 강단에 올랐을 때 앞에 앉아 있는 아이들을 보니 눈시울이 뜨거워졌다. '이들이 정말 목숨을 걸었구나. 정말 저들 속에 하나님이 계시는 구나'라는 마음이 강하게 들었다. 나는 전국 각 도시마다 세워질 기도 모임을 위해 기도했다. 그들을 통해 일어날 제2의 서울 부흥이 눈앞에 다가왔음을 확신했다.

청소년 밥퍼 사역, 러브 투게더

요즈음 상계교회가 열정적으로 하는 사역이 하나 있다. 길거리 청소년을 위한 밥퍼 사역, 〈러브 투게더〉다.

어느 날 아침, 교회의 관리 권사님이 불량 학생들이 밤새 선교관 예
배실을 쑥대밭을 만들어 놓고 나갔다며 한숨을 쉬셨다. 우리 교회는 누
구든 와서 기도하라는 의미로 몇몇 예배실을 열어 놓는다. 그러면 밤사
이 오갈 곳 없는 청소년들이 와서 있다 가곤 한다. 보통은 흙 묻은 신발
자국이나 내놓고 가는데 이번 애들은 담배꽁초와 위장약 봉투를 한 가
득 버리고 갔단다. 담배꽁초를 버린 것은 이해가 가는데, 위장약 봉투
는 왜 있는지 이해가 가질 않았다. 그래서 옆에 있던 이현우 교육 목사
님에게 물었다.

"집 나온 애들은 라면이랑 패스트푸드만 먹어 위에 무리가 가서 위장
약을 달고 삽니다."

아무리 집 나오면 개고생이라지만, 한창 먹을 나이에 청소년들이 제
대로 된 밥 한 끼 못 먹는다는 사실에 가슴이 아팠다. 집 나온 애들뿐이
겠는가, 가정형편상 따뜻한 밥 한 끼 못 먹는 아이들이 얼마나 많을까
하는 생각이 들었다.

나는 즉시로 담당 사역자를 세우고 청소년 밥퍼 사역을 준비했다.
3개월에 걸쳐 관련 단체들을 방문하고 전문가들의 조언을 구했다. 그
렇게 사역의 그림을 그려갈 무렵, 보험사에서 연락이 왔다.

"여기는 보험사입니다. 엊그제 돌아가신 방병국 선생님께서 상계교
회 청소년 사역을 위해 기부보험을 들어놓으셨습니다. 10,300,000원
을 수령해 가시길 바랍니다."

방병국 집사님은 해양대학을 졸업한 마도로스였는데, 원양 어업을 나갔다가 급성 백혈병이 발발하여 얼마 전 안타깝게도 타지에서 숨을 거둔 분이다. 나는 기부보험이라는 게 있는 줄도 몰랐다. 집사님은 잠깐 보험업에 종사한 적이 있는데 그때 들어놓은 것 같았다. 그가 상계교회 중등부 교사로 수고하던 때와 일치한다.

나는 이 귀한 돈을 어떻게 써야 할까 고민했다. 때마침 밥퍼 사역을 위한 트럭이 필요하다는 요청이 들어왔고, 그것만큼 의미 있는 일은 없다고 생각해 차량을 구입하는 데 사용하기로 결정했다. 나는 꼭 차량에 "이 차는 방병국·장정미 집사 가정이 기증한 차입니다"라고 새겨놓도록 지시했다. 지금도 밥퍼 사역에 그 장모인 박길석 권사님이 열심을 다하고 계신다.

또 성도들뿐 아니라 지역사회 여러 손길이 이 사역을 도왔다. 교경협의회의 회장을 맡고 있을 때 경찰서장님에게 청소년 밥퍼 사역을 이야기했더니 적극 돕겠다며 힘을 보태 주었다. 사실 밥퍼 사역은 주변 식당이 반대하면 일이 어려워진다. 그리고 밥 먹으러 오는 친구들 중에는 보호관찰 중이거나 고소, 고발을 당한 친구들이 많다. 거칠고 예민한 아이들이라 조심스러운 부분이 있었다. 그런 와중에 사복 경찰이 함께 밥을 퍼주니 큰 도움이 되었다.

구청장님께도 말씀드렸더니 "저희가 해야 할 일인데 상계교회가 해주신다니 감사합니다. 저희 구청 마당에서 하시죠. 구청 마당에서 하시면 전기도 사용하실 수 있고, 구청 직원이 여러모로 협력해 드릴 수 있습니다. 원하시면 청소년 상담사도 보내겠습니다"라고 말씀하시는 것이 아닌가! 할렐루야. 이 사역은 하나님이 준비하신 사역임에 분명했다.

밥퍼 사역에는 일손이 많이 필요하다. 매주 금요일만 되면 30여 명의 성도가 조리, 설치, 배식, 상담 등등으로 정성껏 길거리 청소년들을 섬긴다. 밥퍼 사역은 성도들이 집안 잔치나 개인적 기념일에 청소년들에게 한 끼를 대접하겠다며 헌금하는 것으로 경비를 충당한다. 그리고 지역 주민도 쌀이나 과일, 음료를 가져오기도 한다. 정말 고마운 분들이다. 목요일만 되면 금요일에 학생들 만날 생각에 잠이 안 온다는 분도 계시다.

용납하는 사랑

한 아버지가 가출한 딸의 핸드폰 위치를 추적하여 러브 투게더에 왔다.

"누구를 찾아오셨나요?"

"여기에 딸이 있어서 왔습니다."

"그러면 이리 들어오세요."

"들어가면 딸이 도망가서 못 들어갑니다. 우리 딸이 어디서 자고 어디서 뭘 먹는지도 몰라 애태우고 있었는데, 이렇게 따뜻하고 좋은 음식을 먹게 해주셔서 감사합니다."

그리고 덧붙여 이렇게 말했다.

"지금까지 교회와 기독교인에 대해 좋지 않은 감정이 있었는데, 언젠가 종교를 택해야 한다면 교회를 택하겠습니다."

러브 투게더는 밥 먹으러 오는 아이들에게 "예수님 믿으세요" 하고 전도하지 않는다. 예수님을 믿게 하는 것이 궁극적 목적이지만 그것이 우선이 되어 아이들에게 거리감을 주어서는 안 되기 때문이다. 청소년들의 마음이 따뜻해지고 삶의 용기를 갖게 하는 것이 먼저다. 사랑하고 섬기면 언젠가 마음이 열려 복음을 받아들일 것이다. 우리는 사역 중에 교회임을 대놓고 드러내지 않지만 아이들은 이 일을 교회가 하고 있다는 것을 안다.

사역 일주년이 지난 지금, 매주 밥을 먹으러 오는 청소년들의 얼굴이 밝아졌다. 아마 누군가 나를 받아준다는 느낌 때문이 아닐까 싶다. 자주 오는 아이들은 배식팀과 상담팀과 허물없이 지낸다. 또 전도축제 때에는 11명의 아이들이 교회로 왔다.

예수님은 사람들과 허물없이 식탁 교제를 하셨다. 병자들과 하셨고, 세리들과 하셨고, 제자들과 하셨다. 예수님의 식탁 교제야말로 이웃을 사랑하는 가장 확실한 방법이었다. 예수님은 부활 후 자신을 버리고 간 베드로를 찾아가 생선과 떡을 구워 주셨다. 베드로가 '예수님께 혼나지 않을까. 내가 예수님을 모른 척한 것에 대해 물으시면 어쩌나' 고민할 때 아무 말 없이 밥상을 차리셨다. 사랑이다. 모든 것을 용납하는 사랑이다.

우리의 밥퍼 사역도 함께하는 사랑, 러브 투게더다. 용납하는 사랑만

이 사람을 변화시킨다. 청소년들을 바르게 키우고 싶다면 왜 그렇게 사냐고 따지지 말고, 거칠고 상처받은 청소년들에게 말없이 밥상을 차려 주면 된다. 그것이 진정으로 청소년을 살려 내는 일이다.

인생의 방향이 정해지기만 하면

이런 모든 청소년 사역을 활성화하기 위해서는 우리 교회 청소년부가 먼저 부흥해야 한다. 캠프를 처음 시작했을 때 우리 교회의 중·고등부는 100명이 조금 넘었다. 강사님들이 예배 중에 "상계교회 어디 있어요? 손 들어봐요" 하면 제일 앞줄에서 "와아아!" 하고 손을 흔들었다. 그러면 강사님들은 꼭 이렇게 말씀하셨다.

"생각보다 적네! 너네 다음에는 더 많이 와라!"

3,000명이 모이는 캠프를 진행하는 교회 치고 적은 숫자인 것은 사실이다. 그러나 아이들의 주인 의식과 자부심만큼은 만 명 교회 저리 가라다. 청소년 캠프의 주최 교회라는 것 하나로 아이들은 사명감을 갖는다. 아이들은 예배당 맨 앞자리를 위해 밥을 굶고 줄을 선다. 선착순 입장이기에 밥을 먹고 오면 순서가 뒤로 밀린다는 것이다. 가서 먹고 오라고 괜찮다고 사정을 해도 중·고등부 임원단들이 버티고 앉아 있다.

우리 애들은 캠프에 오는 모든 교회가 부러워하는 성령의 기름부음 받은 공동체가 되는 꿈을 꾼다. 주최 교회로서 청소년 공동체의 모범이 되어야 한다는 것이다. 예배드리는 모습, 찬양하는 모습, 기도하는 모습의 모델이 되어야 한다며 캠프 전부터 부단히 노력한다.

이렇게 예배를 사모하고, 공동체를 위해 몸부림치는데 부흥이 안 될 리가 없다. 지금 우리 교회의 중·고등부는 배가 부흥하여 200명을 훌쩍 넘긴 인원이 예배를 드린다. 부흥의 도화선에 불이 붙은 느낌이다.

내가 청소년 사역을 하면서 본 것이 하나 있다. 청소년들은 인생의 방향이 정해지기만 하면 그때부터 열심히 공부하고, 열심히 기도한다는 것이다. 하나님이 누구인지, 나를 향한 하나님의 기대가 무엇인지를 알지 못했기에 열정을 발휘할 수가 없는 것이다.

나는 믿는다. 내가 기도하는 저 청소년들을 통해 이 땅에 1만 가정의 구원, 1,000명의 리더, 100명의 글로벌 리더, 10명의 영적 거장, 1명의 노벨 평화상 수상자가 나올 것임을!

태어나서 처음으로 환영받은 자리

김OO 학생

금요일 밤, 친구들과 피씨방에서 게임을 하다가 이제는 뭘 할까 생각하고 있었는데 밥을 공짜로 주는 곳이 있다고 했습니다. 하루 종일 한 끼도 먹지 못해서 무척 배가 고팠기 때문에 무조건 따라갔습니다. 천막에 불이 켜져 있었는데 그곳에 도착하자 많은 분이 저희를 반겨 주셨습니다. 분명히 처음 보는 분들인데 저를 아들처럼 친근하게 대해 주셔서 마음이 따뜻해졌습니다. 태어나서 그렇게 환영받는 분위기는 처음이었습니다. 저를 환영해 주고, 원하는 만큼 밥도 실컷 먹을 수 있어서 너무 좋았습니다. 매주 그곳을 방문하게 되었는데, 밥도 정말 맛있고 사람들을 만나는 것도 좋아졌습니다.

그렇게 밥퍼를 통해 상계교회를 알게 되었습니다. 친구 현섭이가 같이 교회 가자고 했습니다. 처음에는 싫었는데 우리에게 밥을 준 교회라고 하니 왠지 교회에 가도 러브투게더처럼 저를 반기는 사람들이 있을 것 같았습니다. 교회에 가니 전도사님께서 맛있는 것도 사주시고, 학교까지 찾아와 간식도 챙겨 주셨습니다. 저는 사실 태어나서 이렇게 많은 관심과 사랑을 받아본 적이 없습니다. 매일 친구들과 놀러 다니는 것이 전부였는데 이렇게 사랑을 받으니 마음이 넓어진 것 같았습니다. 그래서 저도 무언가 좋은 일을 하고 싶다고 생각했습니다. 앞으로 성공하고, 교회 잘 다녀서, 좋은 일들을 하고 싶다는 생각이 들었습니다.

세례도 받았습니다. 새가족학교를 통해서 교회 다니는 것이 무엇인지 알게 되었습니다. 담임 목사님께서 예수님을 믿는 것은 교회만 다니는 것이 아니라 정말 예수님을 믿는 삶을 사는 것이라고 말씀해 주셨습니다. 저는 아직도 예수님을 믿는다고 하기엔 부끄러운 점이 많습니다. 그래도 예전엔 나쁜 짓을 하거나, 나쁜 행동을 하면 아무렇지도 않았는데 이제는 이것을 하지 말아야겠다는 마음이 듭니다. 그리고 학교생활하면서도 좋지 않은 일들이 있으면 마음이 먼저 그것을 하지 말아야겠다고 합니다. 왜냐하면 저는 예수님을 믿는 사람이고 이제 새로운 삶을 살기 원하기 때문입니다. 친구들과 담배 피고, 술 마시고, 놀러 다니는 것이 전부였던 제게 이런 일이 찾아올 줄은 꿈에도 몰랐습니다.

항상 저를 생각해 주시고, 사랑해 주시는 밥퍼 선생님들과 교회 선생님들에게 감사드립니다. 부족한 게 많지만 이제는 교회도 빠지지 않고 잘 다닙니다. 저도 나중에 돈 많이 벌어서 밥퍼와 같은 좋은 일들을 하고 싶습니다. 그래서 저와 같은 친구들과 많은 사람들을 무료로 도와주고 싶습니다. 예수님을 믿는 사람으로서 저도 큰일을 하고 싶다는 꿈이 생겼습니다. 이제는 그 꿈을 이루기 위해 더 열심히 살고 싶습니다.

Part 4
다시
교회가
뛴다

내일의 상계교회 이야기

chapter 01

행복을 넘어 아름다움으로

현대 사회는 행복을 최고의 가치로 여긴다. 행복이란 말은 참 듣기가 좋다. 내가 가득 채워지는 만족과 기쁨을 떠올리게 하고 평온한 마음과 밝은 빛을 느끼게 한다. 그러나 한번만 더 생각해 보면 행복에는 굉장한 함정이 숨어 있다. 소설가 안톤 체호프는 행복에 관해 이렇게 말했다.

"행복하다는 사람은 불행한 사람이 아무 말 없이 자신의 무거운 짐을 짊어지기 때문에 행복을 느낄 수 있다. 불행한 사람의 침묵이 없었던들 행복 같은 것이 있을 리 없다."

너무 부정적인 시선 같은가? 행복은 매우 이기적이다. 이 시대의 행복은 더더욱 그렇다. '나'의 행복을 말하지 '우리'의 행복을 말하지 않는다. 나만 말하게 되면서 우리는 부서진다. 우리가 부서지면 그 안에 속한 나는 자연히 사라지게 되는데 말이다. 이것이 많은 공동체가 붕괴되는 보이지 않는 원인이다.

또 행복은 매우 감각적이며 찰나적이다. 편하고 쾌락적인 성격이 강하다. 영의 문제가 아니라 육의 문제다. 성(性)적인 문화가 영적인 문화를 압도하게 된 이유도 여기에 있다. 노아의 시대가 딱 그랬다. 남자들은 여자의 아름다움을 보고 자기들이 좋아하는 모든 여자를 아내로 삼았다. 성적인 충동을 절제하지 못할 뿐더러 모든 것을 소유하려고 했다. 자신의 행복, 순간의 행복을 위해 산 것이다.

> 여호와께서 사람의 죄악이 세상에 가득함과 그의 마음으로 생각하는
> 모든 계획이 항상 악할 뿐임을 보시고 _창세기 6:5

지금의 시대와 노아의 시대가 그리 다르지 않다고 생각한다. 창조주 하나님께서 이 땅을 바라보시며 어떤 생각을 하실까? 참 송구스럽기 그지없다.

많은 그리스도인이 이러한 시대를 보고 세상이 말세라며 혀를 끌끌 차거나 손가락질을 한다. 비판하며 정죄한다. 역시 세상 사람과는 상종하면 안 된다며 스스로를 고립시키려 하기도 한다. 물론 누군가는 세상

에 대해 쓴소리를 해야 한다. 옳지 못한 길로 가고 있다며 끊임없이 경종을 울려 주어야 한다. 그러나 하나님이 보시는 우리의 모습은 어떨까? 과연 노아와 같은 의인일까? 참된 그리스도인이라면 세상을 비판하는 데에만 머무르면 안 된다고 생각한다.

나는 교인에게 이렇게 말한다.

"지금 우리가 선 자리에서 무엇인가를 해야 합니다. 세상에서 가장 쉬운 일은 입으로 비판만 하는 것입니다. 그러나 어렵더라도 주님의 마음으로 이 세상을 다시 회복하기 위한 한 걸음을 내딛어야 합니다. 그때 주님이 그 한 걸음을 통해 세상을 변화시킵니다."

이제는 세상의 가치를 넘어서야 한다. 행복을 넘어 창조의 아름다움을 노래해야 할 때인 것이다. 나는 상계교회가 상계교회만을 위한 교회이기를 전혀 원하지 않는다. 우리 교회만 행복하고 우리 교인들만 행복한 교회이길 원하지 않는다. 이 세상이 다시 하나님의 창조질서를 따라가는 공동체가 되게 하기 위해 무엇인가를 하는 교회이기를 원한다. 작더라도, 소박하더라도 이 땅에 하나님의 나라를 이루는 데 사용되기를 원한다.

아름다운 가정을 향하여

하나님께서 직접 만드신 두 개의 기관이 있다. 하나는 가정이고 또 하나는 교회다. 하나님께서 가정과 교회를 직접 만드신 이유는 이곳이 축복의 통로이자 정화의 장소이기 때문이다.

세상 권세를 잡은 마귀는, 1990년대에 교회는 성장하게 두고 가정을 먼저 깨트렸다. 가정이 깨지니 교회는 저절로 무너졌다. 이 사실은 우리에게 시사하는 바가 크다.

가정과 교회가 하나님이 만드신 원래의 모습으로 회복하기만 하면 세상을 자정하는 기관이 될 것이다. 다시 말해 혼란의 시대를 바로잡으려면 창조주 하나님이 직접 만드신 두 기관인 가정과 교회를 바로 세우면 된다. 그래서 나는 설교 시간에 가정 이야기를 꼭 한다. 특히 가정의 중심인 부부간의 참 사랑이 가정 문제 해결의 시작임을 입이 닳도록 외친다. '수신제가치국평천하'(修身齊家治國平天下)라고 했다. 우리가 한국 교회와 한국 미래를 살리는 운동을 하려면 내실이 단단해야 한다.

우리 교회는 아름다운 가정을 위해 '부부 성장 학교'와 '싱글생글 데이트 학교'를 진행한다. 연 1회 10주간 토요일 저녁에 모이는 부부 성장 학교는 부부와 예비부부를 대상으로 진행하는데 성경적 가정, 결혼과 자아상의 치유, 남녀의 차이, 부부 사랑의 재설정 등을 가르친다. 이혼 위기에 있었던 가정이 부부 성장 학교를 통해서 회복되기도 하고, 늦둥이를 임신하게 되었다며 수줍게 인사하는 경우를 만날 때마다 역시 하나님 보시기에 참 좋은 것이 가정이라는 것을 깨닫는다. 부부 성장 학교를 통해 가정이 회복된 부부들은 100퍼센트 교회 생활도 잘해낸다.

싱글생글 데이트 학교는 젊은이들에게 건전한 데이트 관을 심어 주는 훈련이다. 시대적 이슈인 동성애의 칼날은 가정 파괴와 교회 해체를 향하고 있다. 이럴 때 "저거는 안 된다, 나쁘다"라고 말만 하는 것이 아니라 성경이 말하는 올바른 가정을 가르쳐야 한다. 이를 위해 우리 교회 청년뿐 아니라 지역 청년들을 초청하여 진행하였는데 반응이 대단하였다. 사실 믿는 자들을 만나라고 가르치지만 믿는 사람도 많지 않을뿐더러 어디에서 만날 수 있겠는가? 데이트 학교를 만들어 만남과 가르침의 자리를 제공하니 청년들이 보통 좋아하는 것이 아니었다.

가정의 목적은 행복이 아니다. 행복한 가정은 매우 이기적이다. 남을 실컷 때려 놓고도 행복을 누릴 수 있는 것이다. 가정의 목적은 거룩이다. 거룩이란 구별되는 것이다. 내 남편과 내 아내를 구별하고, 하나님의 뜻을 구별하고, 하나님 나라를 위하여 내 시간, 물질, 재능을 구별하는 것이다. 거룩한 가정이 될 때만 아름다운 가정이 되고, 아름다운 가정이 될 때만 세상이 그리스도인 가정들을 존경하게 될 것이다.

목회자 학교

이 땅을 회복하기 위해 가정 다음으로 중요한 기관이 교회다. 교회는 예수 그리스도 구속 사역의 완성품이다. 우리는 교회를 통해 하나님의 자녀가 되어 참 삶이 무엇인지 알게 된다. 교회를 통해 영원과 잇대어

살게 되고 하나님의 마음으로 이 땅을 품을 수 있다.

교회 회복의 키는 역시 '목회자'다. 교회의 주인은 주님이지만, 주님에게로까지 이끄는 역할은 목회자가 한다. 목회자가 살면 교회가 산다고 확신한다. 교회의 스케일은 담임 목사의 스케일이고, 교회의 수준은 장로들의 수준이다.

우리 교회가 힘쓰는 사역의 마지막 지점은 '목회자 학교'다. 포스닥(post Doctor) 훈련처럼 이미 목회자가 된 복음적이며 비전과 열정이 겸비된 120명을 모아 훈련하는 것이다. 목회 현장에서 가장 필요한 영성, 성서, 선교와 전도, 리더십, 다음세대 사역 등을 가르쳐 한국 교회의 거룩한 움직임(holy movement)을 일으키고 싶다.

가슴에 하늘나라로 인하여 불붙은 사람 120명만 있다면 한국 교회는 다시 한 번 일어날 것이다. 교회부흥세미나나 목회 코칭을 하게 하심도 그런 뜻이 아닐까 한다. 반드시 물질 후원자도 나올 것이다. 이 일에 동의하는 제자들이 외국에서, 한국 교회에서 성장하고 있다.

10개의 형제 교회

지금은 네트워크 시대다. 서로 협력하지 않으면 현상 유지도 힘들다. 교회도 마찬가지여서 같은 정신(sprit)을 가진 교회끼리 서로 힘을 합해야 한 시대를 이끌 수 있다. 함께 배우고 비전을 공유한 사람들이 모이면 지금보다 더 큰 것을 해낼 수 있는 것이다.

그래서 우리 교회는 "영적인 북동풍으로 한국을 예수마을로 만드는 교회"라는 사명을 이루기 위해 전국에 10개의 형제 교회를 개척하려고 한다. '형제 교회'는 같은 정신을 가진 독립된 교회들을 일컫는다. 비전교회를 세우는 일과, 다음세대를 세우는 일에 동참할 교회다. 이미 박민경 목사님이 담임하는 청주형제교회가 상계교회 창립 50주년 기념으로 개척되어 은혜롭게 성장하고 있다. 또한 2013년 말 경희대 앞에 젊은이 사역을 지향하여 어노인팅교회가 개척되었다. 현재 영성이 탁월한 장익중 목사님이 사역하고 있다.

앞으로도 통일 시대를 대비하여 서울 북동쪽과 경기 신도시에 형제 교회를 세울 것이다. 별내, 민락, 의정부, 양주, 남양주 등을 영적 전선으로 묶고 싶다. 그야말로 북동벨트다. 나는 1만 명 모이는 한 교회보다 1천 명 모이는 10개 교회가 더 많은 영향력을 끼칠 수 있다고 확신한다.

올해 우리 교회는 2018년 완공을 기대하는 미래비전센터 건축을 시작하였다. 나는 지금의 세대가 성전을 건축하는 마지막 세대일 것이라고 생각한다. 이제 사람들은 대형화되는 것, 하나의 큰 집단 체제에 들어가는 것을 거부한다. 획일적인 모습으로 많은 무리 사이에 있는 것이 아니라, 각자의 다양성이 존중되는 소그룹 공동체를 지향한다. 또 교회가 점점 약화되는 실상이기에 돈을 들여 교회를 짓기가 어려워질 것이다.

어려운 시대지만 다음세대를 생각하고, 북동벨트의 센터가 될 만한 교회를 짓기로 결의하고 건축을 향한 발걸음을 내디뎠다. 크진 않지만 내실 있는 우리의 미래비전센터가 다음세대의 비전을 펼치며 북동벨트의 기지로 제 역할을 감당해 내길 바란다. 특별히 다음세대가 그곳에서 공부하고, 놀고, 결혼하고, 자녀의 자녀를 키울 수 있는 번듯한 장소가 되기를 바란다.

때에 따라 부어 주시는 성령의 새 기름을 경험하고 나니, 다음에 부어 주실 성령의 새 기름은 무엇일까 기대하게 된다. 나는 조심스럽게 북동벨트가 그것이 아닐까 예상한다. 상계교회는 북동벨트 사역으로 인해 또 한 번의 전기를 맞게 될 것 같다. 뜻을 같이 하는 목회자들이 모여 북동벨트를 만들고, 그 안에서 다음세대의 인재를 길러 내는 것! 상상만으로도 마음이 벅차다.

하나님의 사역이나 교회 프로그램은 하루아침에 즉흥적으로 할 수 있는 것이 아니다. 그렇게 하려 해도 되지 않는다. 목회자의 깊은 체험과 경험과 묵상이 필요하다. 앞에서 이야기한 상계교회의 모든 사역이 이제부터 시작될 상계교회 부흥의 전거가 될 것이라고 믿는다.

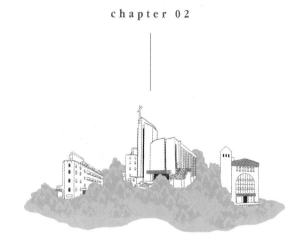

chapter 02

신학생들이 생겨나다

지금 우리 교회의 신학생은 9명이다. 젊은이들이 교회를 외면하는 이 때에 매년 신학 공부를 결심하는 친구들이 있다는 것이 참 감사하다. 목회를 하다 보면 탐이 나는 사람들이 있다.

청년부 임원으로 열심히 활동하던 한 청년을 볼 때마다 '저 친구는 신학을 해야 하는데' 하는 마음이 들었다. 가끔 이야기할 기회가 생기면 "신학을 공부하는 게 어떻겠나?" 하고 운을 띄웠다. 그러면 그 청년은 늘 사람 좋은 웃음을 보이며 "저는 평신도 사역의 최고봉이 되겠습니다"라고 대답하곤 했다. 그랬던 청년이 어느날 나를 찾아와 기도를 부탁했다.

"무슨 일이기에 직접 찾아와 기도를 부탁하니?"

"목사님, 저 단기 선교 가려고 합니다."

"단기 선교라니? 어디로?"

"최정섭 선교사님이 계신 캄보디아 쩡뿌러이 교회로요."

쩡뿌러이 교회는 우리 교회에서 네 번째로 세운 해외 교회다.

"작년과 재작년 아웃리치를 다녀왔는데, 그 아이들의 눈빛을 잊지 못하겠어요. 제가 선교사님을 도와드릴 일도 많을 것 같아요."

내심 이제 자기의 진짜 길을 찾아가는구나 싶었다. 그래도 내색하지 않고 잘 다녀오라며 기도해 주었다. 그리고 생각지도 못하게 아들을 선교지로 보낸 권사님 부부에게 "아들 잘 키우셨다"는 말을 전했다. 자기 자식 아니라 속편한 소리를 한다고 생각할지 모르겠지만 그 청년의 가는 길에 분명한 하나님의 인도하심이 있음을 보았다. 그리고 6개월 뒤 돌아온 청년은 신학 공부를 결심하고 지금 신대원에 다닌다.

현재 우리 교회는 중국, 몽골, 캄보디아, 필리핀에 해외 교회를 세웠다. 기특하게도 많은 청년, 청소년이 자발적으로 시간과 물질을 기꺼이 드려 이곳에 아웃리치를 다녀온다.

나는 국내 교회의 부흥도 부르짖지만 해외 선교도 놓칠 수 없다고 생각한다. 어떻게 내 집만 예배드릴 수 있겠는가? 우리가 부흥하려는 이유는 결국 주님 오실 길을 예비하기 위해서다. 성경은 복음이 온 세상에 전파되면 그제야 끝이 온다고 말한다. 우리는 모든 족속에게 복음을 전하며 주님 맞을 준비를 해야 한다.

이 천국 복음이 모든 민족에게 증언되기 위하여 온 세상에 전파되리니
그제야 끝이 오리라   _마태복음 24:14

중국의 만강상계교회

국내에도 10개의 형제교회를 세우기 원하지만 해외에도 10개의 교회를 세우는 것이 목표다. 나는 해외 선교를 받았기 때문에 한다. 수많은 선교사가 그들의 청춘을 바쳐 조선에 와 하나님을 전했다. 복음을 전해 보지도 못하고 목이 잘린 경우도 있다. 그럼에도 그들은 복음을 향한 열정으로 우리에게 왔고, 그 덕에 우리는 지금 하나님의 자녀가 되어 매일 성령과 동행하는 복을 누린다.

내가 부임한 이후 해외에 세운 첫 번째 교회는 중국의 만강상계교회다. 만강상계교회는 특별한 헌신으로 세워졌다.

어느 날 김기순 할아버지가 사무실로 찾아오셨다. 의외의 방문에 놀라고 있는데 대뜸 이천만 원을 주시며 말씀하셨다.

"죽기 전에 교회 하나 짓는 것이 소원입니다. 목사님 원하시는 곳에 교회 하나 지어 주세요."

그 분의 형편을 알기에 순간 당황해 말문이 막혔다.

"어떻게 이 큰돈을 모으셨어요. 이렇게 주시면 어르신 생계는 어쩌시구요."

"나야 계속 파지 주워 살면 되지, 뭐가 문제입니까. 살 날도 많지 않아요."

매일 동네에서 파지를 모아 판 돈이었다. 나는 그 돈을 선뜻 받지 못했다. 힘겹게 지내신 세월이 고스란히 묻은 얼굴을 보며 이분의 마음이 어떠실까 헤아려 보았다. 결국 할아버지의 간곡한 요청에 그 헌금을 받았고, 기도하며 적절한 곳에 세울 교회를 찾기 시작했다. 그렇게 지어진 것이 만강상계교회다.

봉헌 예배를 위해 중국으로 떠날 때에도 워낙 연로하셔서 비행이 어려웠는데, 굳은 의지로 함께 가 그곳에서 예배드리는 감격스러운 순간을 맛보았다.

여담이지만 아찔한 순간도 있었다. 봉헌 예배를 마치고 유람선을 타고 상해 야경을 구경하러 갔는데 할아버지가 안 보이는 것이었다. 분명 버스에서 내릴 때 다 함께 내리고, 몇 번이나 확인을 한 터였다. 가이드가 몇 번이나 신신당부한 말이 떠올랐다.

"중국은 사람이 워낙 많아서 아이나 노인을 잃어버리면 못 찾는다고 생각하셔야 해요."

이미 유람선은 출발했고 우리 모두는 사색이 되어 이도저도 못하는 상황이 되었다. 황포 강으로 뛰어들어 헤엄쳐서라도 다시 돌아가고 싶은 심정이었다. 우리가 타고 온 버스에 전화해 할아버지가 정말 없냐고 거듭 물어도 돌아오는 대답은 "없다"였다. 상해 야경은커녕 눈앞이 캄캄하였다.

'할아버지 덕분에 만강에 교회 지으러 왔다가 이게 웬 변고인가!'

같이 간 선교단은 제발 할아버지를 찾을 수 있게 해달라고 기도했다. 나는 혼자 저 멀찍이 떨어져서 기도하고 있는데 아내가 오더니 "잘 계신 것 같아요. 하나님이 평안한 마음을 주세요"라고 말했다. 바로 그때 버스 기사에게서 전화가 왔다.

"할아버지가 맨 뒤에서 옷을 덮고 주무셨어요. 저도 벗어놓은 옷이려니 생각하다가 깜짝 놀랐네요. 지금 푹 주무시고 개운하게 일어나셨어요."

"아이고, 아멘. 같이 타고 있던 사람들이 없다고 놀라시지 않게 보살펴 주세요. 꼭 붙잡고 계시구요."

유람선이 땅에 닿자마자 버스로 달려가 할아버지 얼굴을 확인했다. 할아버지는 왜들 소란이냐는 듯한 눈빛으로 우리를 보셨다. 헛웃음과 함께 안도감이 밀려왔다.

10개의 해외 교회 건축의 꿈

누군가의 헌신으로 1호 교회가 세워져서일까? 이후의 해외 교회 역시 성도들의 헌신으로 지어지기 시작했다. 캄보디아의 쩡뿌러이교회, 몽골의 아고운드라항교회, 필리핀의 필리엔교회, 발릴리교회, 르호봇교회, 파라다이스 교육센터 모두 성도의 귀한 헌금으로 세워졌다.

신천 장로가 되어서, 퇴직 기념으로, 동생의 사망보험금으로 교회를 지으셨다. 사연이 많은 돈을 어떻게 쓸 것인가 고민하며 나를 찾아오셨다. 인간적인 마음으로는 받기 힘든 돈들도 있었다. 그러나 그들은 하나님 나라를 위해 사용하고 싶다고 말했고, 나는 전달자가 되어 그 돈이 꼭 필요한 곳에 사용될 수 있도록 알아보았다. 그렇게 지어진 교회가 벌써 6개가 된다. 작정한 10개의 해외 교회가 다 세워질 날이 아주 가까운 날이 될 것이라고 기대한다.

특별히 캄보디아에 파송한 최정섭·이상현 선교사 부부를 중심으로 캄보디아 선교에 주력하려고 한다. 캄보디아를 초대교회 안디옥교회로 삼아 무슬림 벨트를 뚫는 인물들을 키워 낼 것이다.

감사하게도 교회뿐 아니라 해외의 다음세대를 위한 교육 센터도 짓기 시작했다. 남편은 현직 교육장이고 부인은 초등학교 교감이신 권사님 부부는 오물 더미로 뒤덮인 수상가옥 한가운데에 '파라다이스 교육 센터'를 지으셨다. 가난과 무지에서 벗어나 고통받는 가정을 일으키고, 지역을 변화시키고, 결국엔 시대를 이끄는 인물로 키우고자 함이다. 봉헌 예배를 드릴 때 우리는 울었다. 평생 교육에 헌신한 부부가 아름다워 울었고, 가슴에 묻은 권사님 부부의 아들이 생각나 울었고, 거기서 일어날 인물들이 기대되어 울었다.

다음세대라는 말에는 막중한 무게가 있다. 다음이라는 말에는 기대감이 있다. 먹고 사는 문제에 허덕여 배우지 못한다면 그들은 나이 어린 기성세대에 불과하다. 그러나 배우고 깨친 다음세대가 되면 지금과는 다르게 이 땅에 하나님 나라를 실현시킬 수 있다.

참 신기하다. 상계교회는 무슨 일을 하든 꼭 교회를 세우고, 다음세대를 세우는 일과 연관된다. 우리에게 주신 비전을 10년의 상계교회의 모습과 사역을 통해 더욱 구체화시켜 주셨다. 톱니바퀴 맞아 돌아가듯 사역이 돌아가는 것을 보면 그때 하나님이 주신 감동이 맞았다는 확신이 생긴다.

보화 같은 상계교인들

나는 선포하기를 좋아한다.

"비전교회 세웁시다! 다음세대 세웁시다! 북동벨트 만듭시다! 해외선교 합시다!"

그러면 성도들이 알아서 해낸다. 판을 깔아 놓으면 끼가 넘치는 성도들이 와서 춤을 추고 잔치를 벌이는 것이다. 내가 백날 비전을 외치더라도 그들에게 들을 귀와 열정이 없었다면 가능했을까?

우리 성도들에게는 숨겨진 달란트와 헌신하고자 하는 열정이 충만하다. 그동안에 제대로 풀어 낼 기회가 없었을 뿐임을 실감한다. 나 역시 "조금은 무리한 사역이 아닐까?" 싶어서 주저하기도 하는 일들을 거침없이 해내고 수많은 간증까지 쏟아낸다.

많은 사람이 담임 목사가 교회라는 배를 끌고 간다고 생각한다. 그리고 우리 교회가 전국적인 사역을 감당하는 모습을 보며 담임 목사가 성도들을 잘 당긴다고 생각한다. 그러나 나는 앞에서 외쳤을 뿐 성도들을 당기지 않았다. 오히려 성도들이 파도가 되어 배를 앞으로 나아가게 했다. 넘실대는 파도처럼 충만한 성도들이 나를 더욱 앞으로 밀었다.

"멈추지 마세요. 계속해서 우리에게 하나님의 일들을 맡겨 주세요."

엊그제 길에서 한 권사님을 만났다. 나의 건강과 아내, 두 자녀를 위해 간절하게 기도하고 있다고 말씀하셨다. 이름도 빛도 없이 기도해 주시는 무명의 기도 용사들 덕분에 목회하고 있다. 이런 성도들을 통하여 하나님은 또 어떻게 우리를 사용하실지 생각만으로도 가슴이 벅차다.

10년 전 처음 온 상계동은 후미진 동네였다. 10년의 사역 후 알게 된 상계동은 감추인 보화와 같은 곳이었다. 집 팔고 땅 팔아서라도 와야 하는, 목회하고 싶은 동네다.

교회부흥
세미나
필기 노트

부록

우리 교회는 부흥할 수 있다!

1. 나의 믿음을 치유하라

❶ 예수님이 소유한 믿음(faith of Jesus)을 소유하라(출 4:16, 7:1; 요 14:12).
처음부터 모세가 하나님을 신뢰하였던 것은 아니다. 하지만 하나님은 모세
에게 아론을 붙여 주시고 하나님을 바라볼 수 있는 믿음을 허락하셨다. 우
리는 예수님보다 더 큰일을 행할 수 있다는 말씀을 믿음으로 성취해야 한다.

❷ 창조의 믿음, 긍정의 믿음, 영적인 세계를 인정하는 믿음을 소유하라.
예수님께서 우리에게 원하시는 믿음은 새로운 하나님의 나라를 확장해 나가
는 창조성이다. 수동적인 믿음이 아니라 능동적으로 하나님의 나라를 구할
수 있는 믿음이다. 또한 하나님께서 나를 통해 일하신다는 긍정의 믿음을 가
지고 영적인 세계에서 승리해야 한다.

2. 교회론을 분명히 하라

❶ 주님의 교회다(마 16:18).

교회는 섬기는 자가 필요하다. 교회는 섬김을 양식 삼아 성장한다. 목회자 된 우리는 "그 영광스러운 교회를 최선봉에서 섬기는 복된 리더다"라는 정체성을 분명히 해야 한다(롬 12:3-13; 갈 5:13).

❷ 교회의 본질을 붙잡아야 한다.

• 예배의 공동체 – 예배에 성공하면 복이 쏟아지고, 부흥의 통로가 된다. 무엇보다 교회가 예배의 본질을 잃지 않도록 예배를 회복해야 한다. 예배자로서 우리의 정체성을 바로 해야 한다.

• 생명의 공동체 – 교회는 죽어 있는 공동체가 아니라 숨 쉬는 생명의 공동체다. 살아 움직이는 역동력을 가질 수 있도록 성도가 서로 교제해야 하며, 교회 안에서뿐만 아니라 세상 밖으로 생명을 흘려보내야 한다(엡 2:20-22).

• 양육의 공동체 – 우리는 예수님의 제자로 양육되고 훈련되어야 한다. 단순히 교회에 출석하는 것을 넘어 예수님의 말씀대로 살고, 그 말씀을 전할 수 있도록 양육되어야 한다(엡 4:11-13; 골 1:24-29).

❸ 교회에는 리더가 필요하다.

교회가 성장하기 위해서는 교회를 사랑하는 자가 필요하다. 특히 앞장 서 비전을 제시하고 공동체를 이끌어갈 수 있는 리더가 필요하다. 리더로서 건강한 인격을 가진 사람, 전문성을 갖춘 사람, 영적으로 깨어 있는 사람이 될 수 있도록 훈련되어야 한다.

❹ 교회는 부흥의 통로다(행 2:42-47).

교회 안에서 부흥이 일어나면 하나님을 두려워하며 표적과 기적이 일어난다. 또한 양심과 사랑의 의식이 깨어나며 사회 개혁 운동이 일어난다. 도시와 나라의 변화를 일으킬 수 있는 것이다. 그러기에 부흥의 사람이 필요하다. 온전히 하나님의 얼굴을 구하는 자, 성령의 기름 부으심을 경험하는 자, 철저히 순종하는 자가 바로 부흥의 사람으로 서게 될 것이다.

3. 도전하라

도전하는 자에게 넘지 못할 산은 없다. "뚫을 수 없다면 이 산을 금광으로 만들리라"는 마음을 가지고 하나님의 일을 도전해야 한다. 두려움과 부정적인 시선으로 시도조차 하지 않는다면 아무 일도 일어나지 않는다. 열매는 하나님께 맡기고 무언가를 시도하자. 기도하면서 하나님의 선하신 일에 도전할 때 그분께서 친히 일하실 것이다(눅 13:31-33).

전도
리메이크

전도 리메이크의 6대 원칙

교회 부흥의 가장 큰 요소는 전도다. 많은 교회가 전도의 중요성을 알고 전도도 열심히 한다. 그러나 전도에는 성공하지 못한다. 왜 그럴까?

가장 큰 이유는 물질이 풍요로워지면서 영혼의 갈급함을 모른 체하는 '사회 정신'과 주 5일제 같은 '사회 변화'에 교회가 대처하지 못했기 때문이다. 에디 깁스는 그의 책 《다음 교회》(Next Church)에서 이렇게 말한다.

> 모든 교회가 잠재적으로 한 세대 이전에 멸종될 가능성이 있다. 십년 전만 해도 젊은이들이 교회는 부정했지만 예수님에 대해서는 받아들였다. 하지만 지금 많은 수의 젊은이들은 더 이상 예수님이 그 중심의 자리에 없는 인본주의적 영성을 추구한다.

또 전도가 안 된다는 우리의 '패배주의'와 실제로 교회가 전도를 하지 않기 때문이다.

어느 상황과 여건이든 그것들을 뚫고 전도해야 한다. 전도는 선택이 아니라

필수다. 어떻게 전도를 리메이크해야 하는가? 전도 리메이크의 6대 원칙을
소개한다.

【제1원칙】 교회의 초점을 영혼 구원에 맞추어야 한다

전도를 잘하는 교회가 되고 싶다면, 전도를 잘하는 성도를 양성하고 싶다면,
우리의 관심사를 재정비해야 한다. 교회 성장이 아니라 영혼 구원에 관심하
며 집중해야 한다.

구령열 없이 전도 성공은 없다. 설교의 최종적인 결론도, 성경 공부를 하는
이유도, 돈을 벌고 성공해야 하는 이유도 영혼 구원이 되게 해야 한다. 영혼
구원에 대한 열정에 사로잡히면 땅에 얽매이지 않고 영생을 바로 보는 거룩
한 백성이 될 수 있다.

【제2원칙】 전도의 축복을 알게 하라

〈사도행전〉 8장을 보면 스데반 집사의 순교 이후 거세진 핍박에 교회는 뿔뿔
이 흩어졌다. 그러나 모진 박해 가운데에서도 흩어진 사람들은 두루 다니며
복음의 말씀을 전했다. 담대하게 복음을 전한 빌립의 모습을 보라. 전도에는
놀라운 축복이 숨어 있다.

전도하면 하늘의 능력을 체험하게 된다. 복음 전파로 인해 사마리아 성에 있
는 병자들이 치유되고, 도성에 있는 귀신들이 물러갔다. 그 일을 통하여 성안
의 사람들은 자유하게 되었고 무엇보다도 실망할 수 있었던 빌립 집사 일행
이 영적으로 소생하는 역사가 일어났다. 전도의 가장 큰 축복은 나도 살고 남

도 사는 생명의 축복이다.

전도하라. 한 도시가 기뻐하는 역사가 나타날 것이다(행 8:8).

【제3원칙】 노방 전도를 통하여 전도의 전투력과 야성을 키우라

요즘엔 노방 전도를 민폐라고 생각하는 사람들이 있다. 또 노방 전도의 열매를 의심하곤 한다. 그러나 노방 전도는 반드시 해야 한다. 두 가지 이유 때문인데 하나는 우리 생각과 다르게 전도를 기다리는 갈급한 영혼들이 있기 때문이다. 또 하나는 노방 전도가 전도의 현장에 나간 성도들의 영적 야성을 키워 주기 때문이다.

노방 전도를 가능하게 하는 몇 가지 팁이 있다.

첫째, 교회의 사정에 맞게 전도할 시간과 장소를 정해야 한다.

둘째, 전도를 나가기 전 모여서 함께 찬송하고 기도하며 영적인 담대함을 가져야 한다.

셋째, 전도의 경험이나 전도의 은사가 있는 이들과 그렇지 못한 이들을 조합하여 팀을 잘 구성해야 한다.

넷째, 출근 시간 차(커피) 전도, 놀이터 전도, 사거리 부침개 전도 등 여러 방법을 시도한다.

다섯째, 노방 전도 후 반드시 노방 전도를 통해 받은 은혜를 나누어야 한다.

【제4원칙】 관계 전도로 나아가라

관계 전도란 마음의 밭을 옥토로 만들어 복음의 씨를 뿌리는 방법이다. 이 시대는 특별히 관계 전도에 큰 노력을 기울여야 한다.

관계 전도의 가장 우선적인 일은 교회의 이미지 쇄신이다. 그리고 관계 전도를 위해선 우리 주변에 있는 불신자를 찾아보아야 한다. 전도 작정자는 일주일 동안 기도한 후에 3명을 정하여 섬긴다. 섬기되 웃어 주고 칭찬하고 들어 주고 나누어 주어야 한다. 우리의 섬김으로 대상자의 마음이 옥토가 되었다면 교회와 복음과 접촉하게 해야 한다. 특별히 소그룹에서 복음을 접하게 한후 교회의 예배로 인도하는 것이 좋다. 교회로 인도한 후에는 정착할 때까지 갓난아이를 대하듯 잘 양육해야 한다.

【제5원칙】 매스 미디어와 문화 콘텐츠를 활용하라

이 부분은 성도 개인이 아니라 교회가 전략적으로 접근해야 할 부분이다. 전도지로 전도하기가 어려운 시대가 되었으니 정보 선교 위원회를 구성하여 전파와 신문, 문화 행사 등을 통해 전도의 영역을 새롭게 개척해야 한다.

문화 행사를 준비하는 것은 매우 효과적인 방법이다. 지역민을 위한 행복 축제, 노인 대학, 자녀 교육 세미나, 음악회 등은 전도의 좋은 도구가 된다. 지역 행사를 주도적으로 준비하면 큰 효과가 있을 것이다. 그리고 꼭 행사 때에 지역 기관장들을 초청하라. 교회의 지역적 영향력을 넓히는 데 유익하다.

【제6원칙】 교회를 전도하는 시스템으로 만들라

교회는 집단적 가르침에서 개인적 멘토링으로 전환되고 있으며, 기다리는 전도에서 찾아가는 전도로 나아가야 한다. 목회자가 모든 것을 다 할 수 없다. 고로 평신도를 전도 사역자로 삼아야 한다. 그러기 위해선 목장이나 선교회 등 소그룹을 전도에 앞장서는 모임으로 이끌어야 한다. 전도하지 않으면 친교나 교제 위주의 모임이 되고 만다. 전도 대상자를 적을 카드를 마련해 소그룹에게 나눠 주고, 모일 때마다 전도에 관심을 갖고 기도하게 해야 한다. 또 모든 모임의 주최 예배나 헌신 예배 때에는 꼭 새가족을 전도하도록 하여 영혼 구원의 중요성을 알게 해야 한다.

성령의 기름부으심이 있는 교회 만들기

무엇이든지 절차와 과정이 필요하다. 절차를 밟는 것은 기초를 튼튼히 하는 것이며 과정을 밟는 것은 내실을 다지는 것이다.

하비 콕스는《종교의 미래》에서 성령의 시대가 도래할 것이라고 말한다. 성령의 기름부으심이 있는 교회가 미래 교회를 이끌어 갈 것이다. 그런데 이를 위해선 충분한 준비가 필요하다.

1. 목표 정하기

단순한 교회 성장 운동은 하나님 앞에서 경건한 모습이 아니다. 왜냐하면 그것은 성령을 이용하는 것이기 때문이다. 성령의 기름부으심이란 성령의 임재와 능력이 나타남을 의미한다. 성령의 기름부으심이 있는 교회의 목표는 하나님을 진정으로 닮아가는 성화와 하나님이 일으키시는 부흥의 통로가 되는 것에 있다. 거룩한 성도와 교회, 능력으로 다가오시는 하나님의 나라를 맞이하는 교회다.

2. 교회의 단계 이해하기(행 2:37-47)

1단계 : 가장 기초적 단계로 구원의 단계다(행 2:37-41). 예수님을 나의 구원 자로 고백하며 그분이 내 삶의 주인이 되시도록 믿음으로 맞이하는 것이다.

2단계 : 말씀과 기도로 능력을 체험하는 단계다(행 2:42-43). 하나님의 말씀 과 기도가 삶의 실재가 되어 적용되며 그 능력을 경험하는 단계를 말 한다.

3단계 : 성화의 단계인데, 내 삶에서 성령이 인도하시는 열매들이 맺히고, 변 화되는 단계다. 점차 예수님을 닮아가며 선한 영향력을 끼치는 그리 스도인이 되는 것이다.

4단계 : 선교 공동체로서의 단계다(행 2:47). 그리스도인들이 모여 공동체가 되며, 그 공동체 안에서 하나님의 나라를 위해 일한다. 그리스도의 몸 된 교회로서 하나님의 의를 위해 헌신한다.

3. 직접적인 준비

성령의 기름부으심이 있는 교회를 만들기 위해서는 먼저 열정적인 전도를 통한 구령열을 고취하며, 리메이크를 통해 예배와 기도를 회복해야 한다. 진 정으로 살아 계신 하나님을 체험하는 역동적이고 감동적인 예배를 경험하게 하는 것이다(기름부으심이 있는 부흥 성회, 특별 새벽 기도, 오순절 저녁 기도회 등). 그 속에서 치유와 예언의 간증이 나타난다.

이 과정에서 중요한 것이 목회자의 준비다. 기름부으심이 있는 모임에 참여하여 기름부으심을 경험하는 것이 중요한다. 또한 관련 서적을 읽고, 직접 사역하며 사역에 대한 확신을 가질 때 기름부으심의 증거를 경험하게 된다.

또한 중요한 것이 평신도 사역자들을 키워 내는 것이다. 기도 사역자, 치유 사역자, 예언 사역자, 축사 사역자, 자녀들을 위한 기도 사역자, 재정 돌파 사역자, 상담 사역자 등 하나님께서 은사를 주신 평신도 사역자를 키워 내는 것이 중요한다.

따라서 큐티나 목장을 통한 '말씀'과 일상에서 성화를 추구하는 '삶'의 '균형'이 중요하다. 가장 중요한 것은 하나님의 말씀에 기초한 성령의 역사다. 그러므로 사역자나 성도 모두 말씀 가운데 균형 있게 사역해야 한다.

전교인이 집중할 수 있는 프로젝트를 계획할 수도 있다. 상계교회는 한국을 살리고, 한국 교회를 살리기 위한 프로젝트를 진행하고 있다. 비전교회의 자립 운동을 꾀하는 교회부흥세미나와 청소년의 기름부음 사역이 그것이다. 1년에 한번 3,000명의 청소년에게 기름부음 사역을 진행하여 전국 중·고등학교에 기도모임을 만들 것이며, 10만 청소년이 모여 한국 제2의 부흥을 노래하게 할 것이다.

설교
리메이크

경쟁력 있는 설교 만들기

1. 복음적인 설교를 만들어라

• **본문에 나타난 하나님의 모습을 찾아야 한다.** 이를 통해 우리 삶에 주시는 영적 교훈을 찾아내야 한다. 말씀 속에서 "가장 중요한 교훈이 무엇일까?"를 늘 상고해야 한다. 또한 설교자만의 메시지가 되도록 묵상하며 적용점을 찾아 내야 한다. 평소에 묵상하여 은혜가 된 것을 메모해 두는 것도 좋다.

• **그리스도의 보혈과 성령의 기름부으심이 늘 드러나게 해야 한다.** 가능하면 완벽한 문장을 구성하도록 노력해야 한다. 그리고 중요한 포인트를 체크하고, 설교 전체를 머리에 그려지게 하고 자유롭게 구연하면 성령의 역사하심이 있다.

2. 시사적 강해 설교를 만들어라

• **통찰력을 통하여 현재의 문제를 찾아내야 한다.** 문제 제기가 분명해야 설교가 현실감이 있다. 이 시대 문제를 통해 말씀 가운데 주시는 교훈을 구체화할 수 있다. 그리고 그 해답을 성경에서 찾아야 한다. 성도에게 전달되는 해

답은 다른 것으로부터 오는 것이 아닌 오직 말씀, 즉 성경적이어야 복음적이 된다.

3. 감동적인 설교가 되게 하라

• **예화를 적절히 사용해야 한다.** 도입과 마무리 부분에 현실 감각이 있는 예화를 넣을 수 있도록 준비하는 것도 중요하다. 늘 예화를 준비하는 습관을 갖고 컴퓨터, 신문, 책 등에서 발견하면 꼭 메모하도록 습관을 들여야 한다. 적절한 몸짓도 중요하다. 너무 크지도 작지도 않게, 상황과 메시지에 맞는 몸짓이나 손짓을 연습하는 것도 필요하다.

• **회중을 보고 메시지를 전해야 한다.** 설교자가 원고를 보고 있거나, 다른 방향을 향한다면 듣는 회중 입장에서는 불쾌할 수 있다. 합심 기도와 영성 있는 찬양 또한 포함해야 한다. 합심 기도를 예로 들자면, 짝기도나 가슴에 손을 얹고, 두 손을 들고, 일어나서, 한 학생을 위하여 기도하는 등 다양하게 진행할 수 있다. 그리고 말씀에 맞는 찬양을 찾아 부르는 것도 중요하다.

• **마이크를 잘 활용해야 한다.** 소리에 민감하게 반응하고 가장 좋은 소리를 찾아야 한다. 그러기 위해 듣는 훈련도 필요하다. 마이크의 높낮이와 설교자의 목소리에 맞는 음향을 체크해야 한다.

4. 행정이 녹아 있는 설교가 되게 하라

첫째로 행정이 녹아 있는 설교를 하려면 평소에 교회 비전을 분명히 하고 그 비전을 공유함으로 그 비전이 교인들의 마음에 남아 생활이 되게 해야 한다.

둘째로 미리미리 준비하여 그 행사나 프로그램을 실시하기 이전에 청유형의 언어를 써서 교인들을 설득해야 한다. 마지막으로 행정이 녹아 있는 설교를 하는 방법은 문제를 예방하는 설교를 하는 것이다.

5. 쉬운 설교가 되게 하라

쉬운 설교는 논리가 있어야 한다. 쉽고 실제적인 언어를 구사해야 쉬운 설교가 된다. 우리 주변에서 얻을 수 있는 예화를 사용해도 성도에게 쉬운 설교로 각인된다. 무엇보다도 청중이 지금 필요로 하는 요구를 충족시키는 설교를 하면 성도들은 설교가 조금 어려워도 어렵다고 하지 않는다.

6. 자기만의 색깔이 설교가 되게 하라

자기만의 설교를 위하여 평소에 묵상하여 은혜가 된 것을 늘 메모해 두고 그 것을 잘 정리하여 선포하는 설교자가 되어야 한다. 큐티의 중요성이 여기서 나오고, 하나님과 설교자와의 직접적인 관계 형성의 중요성이 여기서 드러난다. 고로 자기만의 설교를 하기 원하는 설교자는 하나님과 깊은 대화가 가능한 기도의 골방이 있어야 한다.

7. 그리스도의 보혈과 성령의 기름부으심이 늘 드러나는 설교가 되게 하라

모든 설교의 출발과 마무리는 "하나님의 말씀을 선포한다"는 것이다. 그러나 여기서 주의해야 할 것 하나는 은혜라고 해서 논리가 없어도 된다는 것은 아니다. 가능하면 완벽한 문장을 구성해야 한다.

소그룹 리더십

1. 소그룹의 중요성

소그룹은 예배를 통해 부여받은 동기를 함께 나누고 삶에서 적용하도록 삶의 변화를 추구하는 공동체다. 그리고 협력하여 그리스도의 몸을 확장하는 전도 공동체다. 즉, 소그룹은 작은 교회라 할 수 있다.

함께한다는 것은 함께 '견디는 공동체', 함께 '자라나는 공동체'라는 의미다. 함께하는 공동체는 코이노니아 공동체이고, 코이노니아 공동체는 하나님 나라를 이루는 공동체로 결국은 주님을 닮아가는 공동체 즉 성화 공동체다.

윌로우크릭교회의 소그룹 사역 담당자 빌 도나휴는 말한다.

> 소그룹은 영적 변화가 일어나는 중심이다. 서로 모여서 웃고, 떠들고, 기분 좋은 활동만 하는 교회는 사람들의 마음을 변화시키지 못한다. 하나님의 공동체가 가지는 진정한 특색은 사람들에게 영적인 변화가 일어날 때 드러난다. 사람들은 공동체에서 분리되어서는 영적으로 성장할 수 없다.

2. 소그룹 리더의 리더십

리더는 뿌리다. 역동적인 소그룹을 만들려면 섬기는 리더십(servant leader-ship)이 필요하다. 소그룹 리더는 소그룹을 섬기는 사람이라는 정체성을 가져야 한다(마 23:1-12; 요 13:12-15). 또한 민주적인 리더십이 필요하다. 소그룹은 하나님에 의해 다스려지고 전체 몸인 교회의 권위 아래 있지만(신본주의), 소그룹의 구성원들이 민주적으로 사역을 감당해야 하는 것이다. 그리고 동기를 부여하는 리더십이 필요하다. 신체적, 감정적, 영적 필요를 채워 줌으로써 서로 섬기려는 동기를 부여할 수 있어야 한다. 다음으로 성령의 기름으로 적셔진 리더십이다. 이는 리더십의 기본으로 항상 성령 안에 충만한 리더가 되도록 기도와 말씀 안에 바로 서 있어야 한다.

3. 소그룹을 인도하는 기술

1. **듣기** : 소그룹을 인도하는 아주 중요한 기술이 듣기다. 내가 듣고 싶은 것만 듣지 말고 상대방이 말하는 것뿐 아니라 그 의미가 무엇인지, 어떻게 느끼는지까지 들을 수 있어야 한다.

2. **관찰** : 내적인 태도와 감정을 활짝 열기 위해서 잘 관찰해야 한다.

3. **명료화** : 나눔과 토의가 진행되는 동안 소그룹이 무엇을 말하는지를 명확히 하도록 도와주어야 한다.

4. **본보기 되기** : 말보다 행동이 더 큰 영향력이 있다.

5. **목표 대상에 집중하기** : 특별하고 의미 있는 목적이 있을 때 소그룹은 활발해진다.

6. **성령의 인도하심에 민감하기** : 은사를 활용하고 은사를 발견하게 해주어야 한다. 그러기에 소그룹 섬김이는 기도의 사람이어야 한다.

4. 섬김이를 위한 구체적인 제언

1. 써주심에 감사하며 즐겁게 시작해야 한다. 소그룹 섬김이는 부담 이상의 축복이 있음을 강조하며 하나님의 교회에는 필요한 지체가 다 준비되어 있음을 확신해야 한다.

2. 리더십을 정돈해야 한다. 리더십의 3요소(리더, 상황, 추종자)를 이해하고 개인의 비전, 소그룹의 비전을 세워야 한다.

3. 소그룹 모임이 행복하고 의미 있는 모임이 되게 해야 한다. 소속감, 신뢰감, 가치감을 갖게 해야 한다. 우리는 사소한 것에 감동한다. 항상 연초에 생일, 가정사, 기도 제목을 체크해 공유하고 함께 나누자. 또한 소모임은 영적인 형제 공동체가 되어야 한다. 그리고 소그룹 아웃리치를 도전해 보면 좋다. 그 안에서 의미가 있다면 소그룹원들이 스스로 시간도, 물질도 헌신하게 된다.

4. 계속 성장하라. 리더의 중요한 3요소는 인격, 전문성, 영성이다. 어느 것 하나 중요하지 않은 것이 없다. 리더로서 부족한 부분을 겸손히 인정하며, 부단히 부족함을 채울 수 있도록 훈련해야 한다. 그러기 위해서 교육에 참여하고, 스스로 찾아서 교육의 기회를 접하는 것도 좋은 방법이다.

예배
리메이크

영감 있는 예배 만들기

1. 예배 순서의 단순화

종래의 예배 순서는 지나치게 복잡하다. 상계교회의 경우 복잡한 예배의 순서를 단순화했는데, 그 대표적인 것으로 묵도를 없애고 기도 시간과 기도 순서를 줄인 것이다. 특히 예배 시간에 타종(打鐘)을 조심해야 한다. 타종으로 인해 예배 순서 간에 이질감을 느끼게 할 수 있기 때문이다. 예배 순서 소개는 물 흐르듯 단절됨이 없이 연속적이고 자연스러워야 한다.

2. 성도 참여 중심의 예배

성도가 예배에 많이 참여할 수 있도록 예배를 기획해야 한다. 목사 중심의 예배는 단조롭기 때문이다. 성도를 참여시킬 수 있는 방법으로 간증을 도입하는 것도 좋다. 회중 앞에 서는 것을 부담스러워 하면 사전에 녹화해 영상으로 보여 준다. 직접 회중 앞에서 간증하는 때는 반드시 사전에 원고를 작성하도록 해 간증이 길어지거나 중언부언하는 것을 방지해야 한다. 이러한 간증은 녹화를 하여 교회 홈페이지에 자료로 올리는 것도 좋은 방법이라 하겠다. 이처럼 성도가 스스로 예배를 꾸밀 수 있도록 해야 한다. 단순히 예배의 참여자 입장에서 기획자로서 역할을 할 수 있도록 기회를 제공해야 한다. 각 교구별 부서별 헌신 예배 등이 이러한 기능을 할 수 있는 좋은 기회가 될 것이다.

성도의 참여에서 간과되기 쉬운 부분이 새가족(상계교회는 '새신자' 대신 '새가족'이라고 한다)의 참여다(자연적 교회 성장 - 에너지의 전환). 경험적으로 보면 새가족의 참여는 신선하고 기존의 성도에게 큰 감동을 선물한다. 특히 새가족 입장에서는 교회에 대한 소속감과 신앙의 성장에 큰 도움이 된다.

이밖에도 예배 언어를 일반화할 필요가 있다. 평소에 사용하지 않는 언어는 괴리감을 주기 때문이다. 그리고 시설적인 여건이 허용한다면 온 성도가 참여하도록 영상을 적절히 활용할 것을 권장한다.

3. 예배들의 차별화

예배들의 차별화를 통해 다양한 연령과 계층의 성도들에게 특화된 예배를 경험하게 할 수 있다. 참고로 상계교회의 예배를 소개하면 다음과 같다.

주일 낮:

1부(오전 7시) : 지방 출타자와 조기 출근자를 위한 예배

2부(오전 8시) : 바쁜 현대인과 직장인을 위한 예배

3부(오전 10시) : 찬양과 경배가 있는 예배

4부(정오, 12시) : 전통과 거룩함이 있는 예배

    5부(오후 2시 30분) : 젊은이들을 위한 열린 예배

주일 저녁 : 저녁 7시(동), 7시 30분(하) - 교인들이 만들어 가는 예배

수요 예배 : 낮 10:30, 저녁 7시(동), 7시 30분(하) - 성경 공부, 세미나가

　　　　　 있는 예배

금요 심야 : 밤 9시 - 기도가 있는 예배/간증과 찬양/안수 기도

목장집회 : 나눔과 사역이 있는 예배

새벽예배 : 1부 오전 5시, 2부 오전 6시(특별 새벽예배는 3부 오전 9:30)

특별모임 : 여성/남성 성도를 위한 1일 집회

4. 감동이 있는 예배

무엇보다도 예배에 감동이 있어야 한다. 이를 위해 예배 전체가 감동을 느낄 수 있도록 기획되어야 한다. 특히 설교의 중요성은 누구나 공감할 것이다. 감동이 있는 예배를 위하여 설교는 절대적으로 긍정적인 메시지를 전해야 한다. 비전 충만한 설교 또는 긍정적인 자아상을 심어 주는 설교가 그 예라 할 수 있으며, 형통 시리즈와 같은 성도들의 필요를 채워 주는 설교가 필요하다. 예배 중에 설교에 맞는 찬양을 많이 부르는 것이 중요하다. 찬양은 가슴과 기도의 문을 열어 줌을 잊지 말아야 한다.

건강한 교회, 성장하는 교회를 위해 예배의 회복이 그 어느 때보다도 절실하게 요구되고 있다. 이를 위해 목회자는 예배에 목숨을 걸어야 한다. 생명력이 넘치는 예배가 진정한 부흥의 출발점이자 완성임을 잊지 말아야 할 것이다.

기도를 다시 세우자

1. 기도란

진정한 기도란 하나님으로 나를 채우는 것이다. 따라서 기도하면 나의 운명이 바뀐다. 성경에서 바디매오를 보면 그는 간절히 예수님을 찾고 구해서 눈을 뜨게 되었다. 그의 믿음이 그의 인생을 바꾼 것이다.

2. 기도에 대한 오해

내 필요를 채우거나 내 뜻을 관철하는 것은 기도에 대한 대표적인 잘못된 이해다. 마더 테레사는 "기도의 목적은 응답이 아니라 순종"이라고 이야기했다. 기도는 내 뜻이 아닌 하나님의 뜻에 순종하겠다는 고백이다.

기도하면 억지로라도 응답된다는 잘못된 믿음이 있다. 처음 신앙생활을 하며 하나님께 떼를 쓰듯 기도하는 경우들이 있지만 기도의 응답은 철저히 하나님의 뜻과 주권에 있다. 그리고 우리는 억지 응답이 아닌 하나님이 기쁨으로 응답하실 수 있는 기도를 해야 한다.

자기 암시로 하나님을 판단하고, 오해하는 경우도 있다. 기도는 명상이 아니

274

다. 하나님과의 소통이며 그분과의 교제다. 내 스스로 판단하고 이해하는 것이 아니라 철저히 하나님 앞에 엎드리는 것이다. 하나님을 의지하고 신뢰하는 시간이다.

묵상 기도나 침묵 기도가 수준 있는 기도라는 것도 오해다. 묵상 기도와 침묵 기도도 중요한 기도의 방법 중 하나이지만 한 쪽으로만 치우치는 우를 범하지 말아야 한다. 성경에서는 간절히 부르짖는 기도에 대해서도 말씀하고 있다. 또한 하나님께서 한국 교회에 허락하신 부르짖는 간절한 기도도 필요하다. 다시 말해, 기도는 하나님을 구하고, 하나님의 얼굴을 구하고, 하나님의 뜻과 능력을 구하는 것이다(딤전 4:5).

3. 기도의 방법

하나님께 기도해야 한다. 사람들 앞에서 보이기 위한 기도가 아니라 하나님과의 은밀한 교제며, 그분과 소통이 이루어지는 거룩한 시간이다.

> 너는 기도할 때에 네 골방에 들어가 문을 닫고 은밀한 중에 계신 네 아버지께 기도하라 은밀한 중에 보시는 네 아버지께서 갚으시리라
>
> _마태복음 6:6

인내하며 간절히 기도해야 한다. 내 뜻과 욕심이 아닌 하나님의 말씀에 의지해 기도하며 하나님의 나라와 의를 위해 기도해야 한다. 또한 감사함으로 응답 가운데 하나님의 주권을 신뢰하고 기도해야 한다.

기도를 계속하고 기도에 감사함으로 깨어 있으라   _골로새서 4:2

성령으로 기도하라. 모든 기도와 간구 가운데 성령의 역사하심이 있도록 그분을 초청해야 한다. 내 힘과 노력으로 기도하는 것이 아니라 성령께서 내 안에 오셔서 기도를 고백하게 하시고, 그분이 주시는 능력 안에서 기도하면 하나님이 감동하신다.

> 모든 기도와 간구를 하되 항상 성령 안에서 기도하고 이를 위하여 깨어
> 구하기를 항상 힘쓰며 여러 성도를 위하여 구하라   _에베소서 6:18
> 그러면 어떻게 할까 내가 영으로 기도하고 또 마음으로 기도하며 내가
> 영으로 찬송하고 또 마음으로 찬송하리라   _고린도전서 14:15

함께 기도하라. 합심하여 기도하는 것도 중요하다. 정해진 시간과 장소를 놓고 성도들이 모여 기도하는 훈련이 필요하며, 소그룹 안에서 기도하는 시간을 따로 갖는 것도 중요하다(행 3:1).
기도의 지경을 넓히라. 기도의 지경을 내 삶이 아닌 하나님의 나라와 의로 넓혀야 한다. 모세가 이스라엘 백성을 위해 하나님의 뜻을 구했듯, 초대교회 성도들이 하나님 나라를 위해 순교하며 간절히 하나님의 일하심을 구했듯 우리 또한 하나님의 마음에 합한 기도의 지경을 넓혀야 한다(잠 11:11).

제자양육
리메이크

상계교회의 제자 양육 프로그램

목회를 하면서 필요한 줄 알면서도 가장 시도하기 어려운 것이 양육이다. 나도 양육할 수 있다는 자신감을 갖고 교회에 적절한 것을 찾아 무엇이든 시도해 보자.

1. 양육의 단계

처음 교회 온 이들과 오래 다닌 이들은 분명 다르다. 상계교회에서는 처음 교회에 오면 목회자와 평신도 리더들이 이끌어가는 4주간의 새가족 정착반 모임을 갖는다. 인간의 삶이라는 주제로 죄의 문제와 교회를 다녀야 할 필요성을 인지시킨다. 이 시간은 가르치는 시간이 아니라 안내하는 시간이며 비슷한 그룹을 만나는 시간이기도 하다. 주일 예배 후 점심 식사를 하면서 모인다. 이 과정이 끝나면 소그룹인 목장으로 인도한다.

2. 정규반

• **새가족 학교** : 4주 과정의 새가족 정착반이다. 주제는 '신앙의 출발'(1주),

'성장의 생활'(2주), '교회 생활'(3주), '경건과 헌신'(4주)이다.

- **은사 발견 사역** : 은사를 발견하여 은사에 따른 사역에 배치하여 구경꾼이 아니라 사역하게 하는 코스다.

- **일대일 제자 양육 과정** : 큐티를 교육하고 말씀을 삶에 적용하는 훈련으로 12주 과정이다. 이 과정을 거치고 나면 사역자의 길에 들어서는 것을 보게 된다.

- **제자의 삶** : 제자 훈련을 받는 것으로 끝나지 않고 그것을 삶속에 실천하는 성화 프로그램이다.

- **군사반** : 영적으로 훈련받아 무장하여 영적 승리를 경험하는 프로그램이다.

3. 특별반

- **전인 치유 학교** : 내적 치유와 관계 치유, 성령의 만지심을 경험하는 프로그램이다.

- **부부 성장 학교** : 부부간의 사랑과 애정을 더욱 돈독히 하는 성경적 가정 회복 프로그램이다.

- **큐티 학교** : 큐티의 이론과 실제를 배운다. 성경에서 하나님의 모습과 자신의 모습을 발견하고 그것을 내 삶에 적용하는 훈련을 통해 말씀을 스스로 소화해 내는 것을 훈련하는 과정이다.

- **번영 학교** : 성경적인 성공의 길을 찾는 청장년 중심의 특별 프로그램이다.

- **기타** : 하이맘 스쿨, 아기학교, 노인행복대학, 비전스쿨, 싱글싱글 데이트 학교 등이 있다.

담임 목사는 전체 코스를 이해해야 한다. 그리고 계속 진행하며 미들 리더, 평신도 사역자들을 세우고 그들과 동역하라.

4. 양육의 목적

양육의 목적 중 하나는 성도 간에 교제다. 초대교회 안에서의 교제처럼 삶을 나누는 교제를 훈련한다. 또 하나는 말씀의 적용이다. 많이 배우는 것도 중요하지만 하나를 배워도 삶에 적용하는 것이 매우 중요하다. 나아가 양육은 성도들을 리더로 세우기 위함이다. 양육은 성도의 삶의 변화와 풍성함을 목적으로 한다. 따라서 양육 코스에는 반드시 성도의 구체적인 삶을 터치하여 주고 삶을 풍성케 하는 과정이 있어야 한다.

양육받은 이들이 소그룹에 가서 그것을 보여 줄 수 있어야 본인들도 확실해지고 교회 전체적으로도 시너지 효과를 낼 수 있다. 소그룹은 영적인 실습장이며 재생산 터다. 어렵지만 반드시 필요한 것이 양육이기에 목회자들이나 교회가 용기를 가지고 시도해야 한다. 시도하면 성도 중에 그 은사를 가진 사역자들이 나오게 되어 있고 그 사역자들이 사역하면 교회 전체가 사역 공동체가 된다.

5. 양육의 스킬

• **양육반 구성하기** : 반장, 총무, 조장 등 임원을 세워야 한다. 리더십 훈련이기 때문이다. 그리고 그들로 하여금 반원과 조원을 주중에 섬기게 한다. 주중에 점검하지 않으면 양육반은 공부반에 불과하다. 조원들끼리 삶을 나눌 때

변화가 시작된다.

• **반드시 큐티와 함께** : 양육반의 최대의 적은 공부로 그치는 것이다. 큐티를 통해 주의 음성을 들으며 배운 것을 삶에 실천하게 해야 한다.

• **과정에 부합하는 좋은 책 읽기** : 책 읽는 것이 양육 시간에 배우는 것보다 훨씬 강하게 각인된다. 또한 독서하며 양육반에 대한 관심의 끈을 일주일간 놓치지 않게 된다.

• **시간 운영하기** : 2시간 정도 하되 앞 30분은 찬양과 지난 주간의 삶의 나눔, 1시간 강의, 30분 오늘 배운 것 피드백으로 운영한다. 1시간 정도는 피교육자가 말하게 해야 한다. 내가 말한 것은 잊지 않기 때문이다.

• **양육반에 투자하기** : 책값은 본인이 부담하게 하고, 간식도 조별로 준비하게 한다. 끝날 때 가르친 자에게 인사하게 하는 것도 하나의 훈련이다.

• **마무리하기** : 종강 파티를 교회 밖에서 하면 매우 인상에 남고 양육반원들이 서로 친구가 되어 앞으로도 좋은 사역의 팀이 된다. 공부를 마치면 사역팀과 연결해 주어 섬김으로 이어지게 하는 것이 중요하다. 다음 기수를 추천하게 하고, 추천한 사람에게 책을 선물하게 한다. 전교인 앞에서 수료 예배를 드리며 간증하게 한다. 양육 코스와 직분자를 세우는 것을 연계한다.